ヤマザキマリの

アジアで花咲け！なでしこたち

ヤマザキマリ
&NHK取材班

プロローグ
それは1本の電話から始まった
2012年8月…
私《わたくし》は東京の仕事場で果てていた…
トルルルルル
トルルルルル
……
トルルル
…だっだれじゃいしつこいな…
う…
…ふぁいだれ？
あっヤマザキさんヤマキでーす

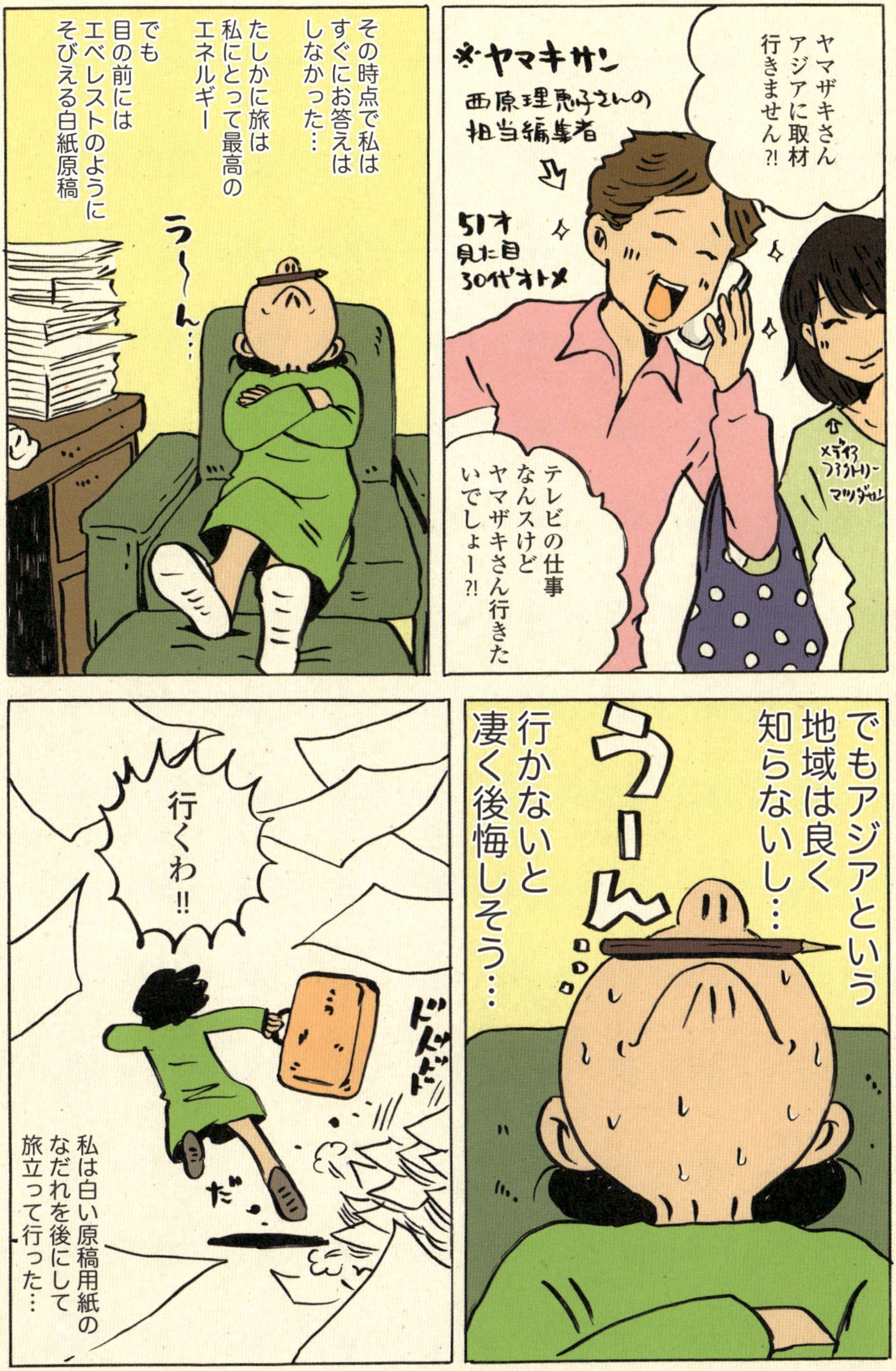
ヤマザキさん アジアに取材 行きません?!
※ヤマキサン 西原理恵子さんの担当編集者
51才 見た目30代オトメ
テレビの仕事なんスけど ヤマザキさん行きたいでしょー?!
メディアファクトリー マツダサン
その時点で私はすぐにお答えはしなかった…
たしかに旅は私にとって最高のエネルギー
でも目の前にはエベレストのようにそびえる白紙原稿
う〜ん…
でもアジアという地域は良く知らないし…
うーん
行かないと凄く後悔しそう…
行くわ!!
ドドドド
だっ
私は白い原稿用紙のなだれを後にして旅立って行った…

2週間で4つの国と地域を回ってきました〜

トルコに始まり、カンボジア、香港、フィリピン。体力勝負の「なでしこ」に出会う旅始まります!

目の前でどんどん気球が離陸する

in トルコ（カッパドキア）

朝の６時、眠さも吹き飛ぶ雄大さ!

気球からの眺め。足がすくむが美しい

奇岩の上空を漂う気球。
多いときは１日80体ほど飛ぶとか

トルコ版餃子「マントゥ」
ヨーグルトソースが美味

週末だけのマーケット。
だしの効いたおじさんいっぱい

庶民的屋台のおねえさん

遺跡アンコールワットは終日観光客で賑わう

街中にいきなり
直立ワニ!

子どもたちの素朴さが美しい

in カンボジア
自転車の絵を描いたら大ウケ!

地べたにしゃがんでお絵描きするわたくし

in 香港

本場水餃子。このたれがピリ辛でウマイ!

食感がいい湯葉っぽいのが入った優しい味のナベ

飲茶、小龍包。皮のもちもち感が秀逸

食べるまでが大変なカニ。食べだすとみな無言

36年前に来たときと変わらん、
そそり立つビル群

街全体が活気づいた胃袋のようだ

おかず選び放題な屋台。ウマイ!

太陽がやけに明るい南国の都市

なでしこさんが作ってくれたお料理

in フィリピン

どのお料理も大変美味でした!

スラム街の子たちは人なつっこい!

ヤマザキマリの
アジアで花咲け！なでしこたち

目次

なでしこ file.1

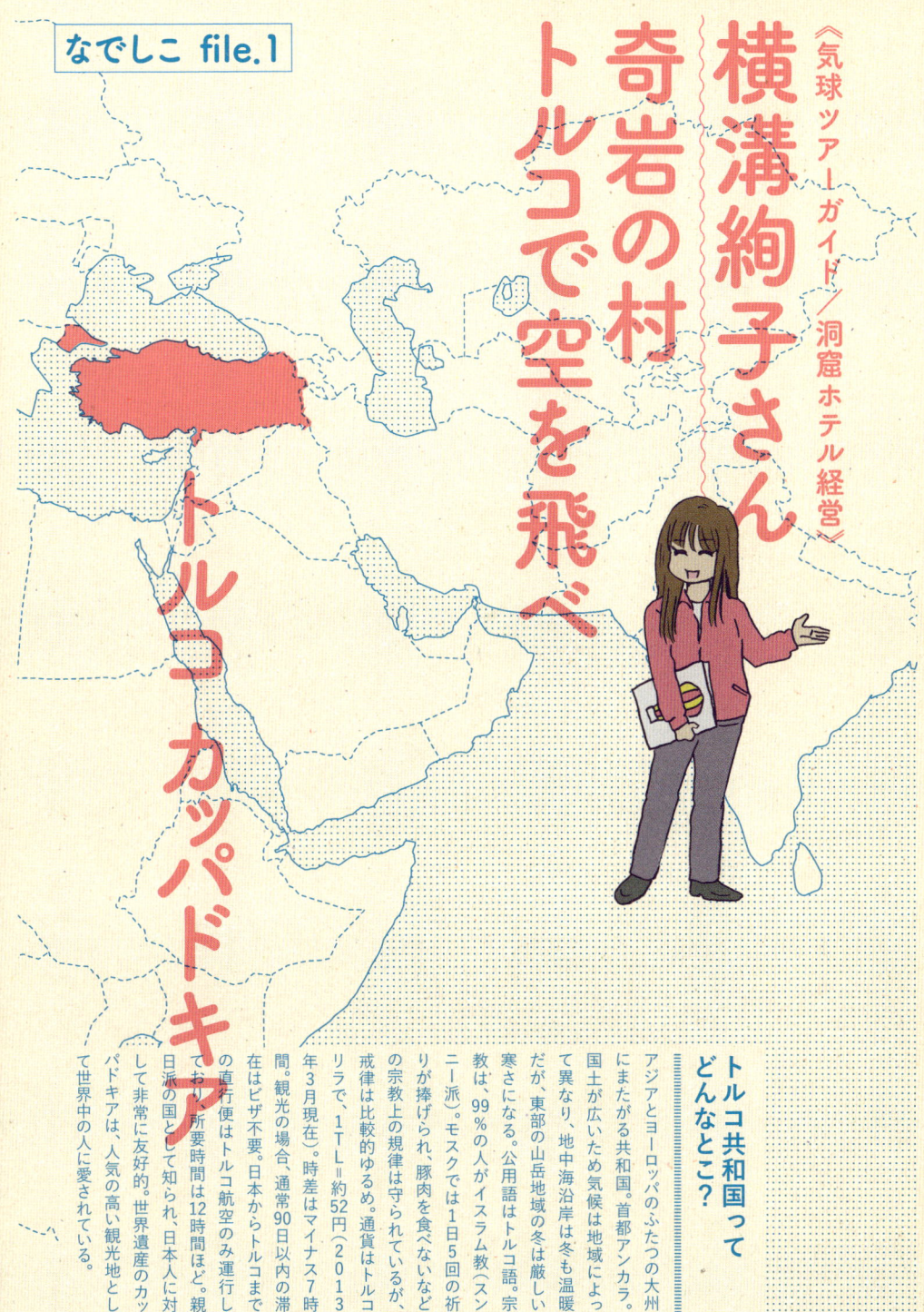

《気球ツアーガイド／洞窟ホテル経営》

横溝絢子さん

奇岩の村トルコで空を飛べ

トルコ カッパドキア

トルコ共和国ってどんなとこ？

アジアとヨーロッパのふたつの大州にまたがる共和国。首都アンカラ。国土が広いため気候は地域によって異なり、地中海沿岸は冬も温暖だが、東部の山岳地域の冬は厳しい寒さになる。公用語はトルコ語。宗教は、99％の人がイスラム教（スンニー派）。モスクでは1日5回の祈りが捧げられ、豚肉を食べないなどの宗教上の規律は守られているが、戒律は比較的ゆるめ。通貨はトルコリラで、1TL＝約52円（2013年3月現在）。時差はマイナス7時間。観光の場合、通常90日以内の滞在はビザ不要。日本からトルコまでの直行便はトルコ航空のみ運行しており、所要時間は12時間ほど。親日派の国として知られ、日本人に対して非常に友好的。世界遺産のカッパドキアは、人気の高い観光地として世界中の人に愛されている。

Q3

トルコに来て、一番驚いたこと。

時の流れが子ども時代の日本のようにゆったりしていること。

愛国心が強く、自尊心が強いです。人と人との距離が近く、結束が固いこと。

イスラム教徒であるという意識が強いから、また男性は徴兵制があるからかもしれません。

国内の平均年齢も若いため、元気で活発な国民性にも驚きました。

Q4

最近日本へ帰国した際、驚いたことはありますか？

人と人との距離がやや遠く、活発さが欠けつつあることです。
私もそうでしたが、働いている方は日々の生活が忙しく、勤務時間が長いので、
なかなか生活に潤いを見出すのが難しいからかと思います。

Q5

トルコで一番おいしいと思う料理は？

キャベツのドルマ（ごはんを包んだもの）です。カッパドキアは野菜が新鮮で安くおいしいので野菜料理がおすすめです。

なでしこ file.1

横《よこ》溝《みぞ》絢《じゅん》子《こ》

（34歳）

お住まい　トルコ（カッパドキア）
お仕事　気球ツアーガイド
洞窟ホテル経営

1978年神奈川県横浜市生まれ。大学卒業後、日本で外資系企業に就職。3年後、高校時代から憧れていたニューヨークに移住、大手銀行で働き始める。きらびやかで刺激的なニューヨークでの生活は、当初は充実したものだったが、次第に仕事にストレスを感じるように。そんなとき、友人の勧めで旅行したトルコ・カッパドキアの絶景に一目惚れして移住を決める。現地で知り合った気球会社の経営者にスカウトされ、就職。日本への情報発信から気球に同乗してのツアーガイドまで、幅広い仕事を担当している。2012年9月には、銀行員時代の貯金をはたいて、共同経営で洞窟ホテル「Hills Cave Hotel」をオープン、気球ツアーガイドと“二足のわらじ”生活をスタート。ホテル経営を軌道に乗せるため、奮闘する毎日を送っている。

教えて！
トルコ・カッパドキアでの
暮らしぶり。

Q1

カッパドキアでの1ヵ月の基本生活費を教えてください。

※通貨　1TL（トルコリラ）＝約52円
◎家賃　500TL＝約26,000円
（ルームシェアのため、この半額）
◎光熱費　1人分：100TL＝約5,200円（冬）
50TL＝約2,600円（冬以外）
◎ランチ代　会社で食事が出るのでナシ
◎交通費　会社の車が配車される。無料

Q2

今後、トルコで日本女性が転職活動を行いたい場合、どういうルートがもっともメジャーですか？

女性の社会進出が進んでいないため、人材会社はメジャーではありません。
やはり人づてによるところが多いです。
または会社のHPにある人材募集の項目から応募することもできます。

黒海と地中海に挟まれた
アジアとヨーロッパの境界線に位置する国
トルコ…
黒海
トルコ
地中海
キプロス
シリア
そんなトルコに数多くある
ユネスコの
世界遺産の一つ
カッパドキア
今や日本人はどこにでも居るとは言うけど…
まさかこんなところにまでやってくるとは…
ゴオオォ
ゴホホォ…
ん?! 何! この音!?
うおっ 気球だ!!
ゴホオォ…
む?! あそこに見えるはアジア系女性
いってらっしゃあーい

気球ツアー会社コーディネーター
横溝絢子さん
あ〜こんにちは〜
凄いですね一こんな岩ごつごつだけの場所に暮らそうと決めたなんて一
実は私1年半前までこのカッパドキアっていう場所の存在すら知らなかったんです
アハ☆
え…!?
存在自体を知らなかった…?!
私それまでニューヨークの銀行に5年つとめてたんでス
ここへ来るまでニューヨークでバリバリのキャリアウーマンだった横溝さん
マンハッタンのど真ん中にある銀行に5年間通勤し
プップー
勤勉にデスクワークをこなし…
ジュンコ
これ
今日中にね!
OK!
カタ
カタ
カタ
カタ

しかし ある日 トルコの友人と 訪れたカッパドキア で…
ガーーン…
なっ 何なのっ このスケールの 大きさは?!
時間の 流れ方も ニューヨークと 違いすぎる!!
まったり…
ぽや〜ん
私の人生…
ちょっと 考え直した方が 良くないか…?!
…
…で ここに来ちゃ いました〜
きっかけ なんて そんなもん だよね…
ハハハ
気球会社のスタッフの詰所
ニューヨークを離れて 自分とは何の 縁もゆかりもない カッパドキアという 土地へ移った横溝さん ですが…
だら だら
男ばかりで むさくるしくて すみません
いや 私はいいんですよ 別に… 男の人しかいない のもトルコっぽい…
ここで お茶など 飲み

何ていうか
ニューヨークの
人達と比べると
のんびりしてる
って言うか…
焦りがないん
ですよね—
怒ったりも
しないし…
ZZZ
うはは…
私が一人で怒って
いると注意され
るんです
怒るなって…
キィーッ
まーまー
まーまー
まーまー
確かに
その様子を
見ていると…
彼女の焦りは
まるでのれん
に腕押し…
お客さん
待ってますヨッ
早くしてッ
今
これ飲んで
から行く
から!
ゴミを
集めるのに
ふたりも人が
必要なの
かッ!?
ハハハ
ハハ
〜だら〜だら
だらだら
ゴミぶくろ
ニューヨークでは
トイレに行く時間すら
なかったという
横溝さん
これが
終わるまでは
…!!
カタ
カタ
カタ
でもそれを
トルコ人に言うと
ジュンコ!
何でそんなに
仕事をしなきゃ
いけないのだい
!!
お前さんは
そんなに金もうけが
したいのか!?!
時間通りに
何かをしなきゃと
思う概念がないトルコ人…

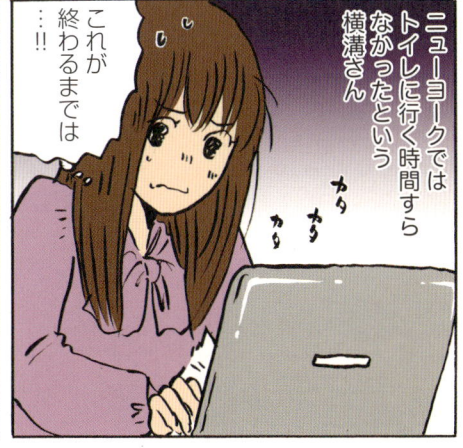

でも暮らしているうちにだんだん自分もトルコ人化してきて…
ストレスためたり怒ったりするのバカバカしいなって思うようになりました…
うんうん
横溝家のネコ
ドライなニューヨークの人々と違ってとことん親切なトルコの人々…
ジュンコ！持ってきたよー!!
スタ
スタ
取材スタッフのクレープ
新しい土地で頑張る日本人女性を
あたたかい目で見守る周囲のトルコ人たち…
スタ
スタ
スタ
彼女の家を訪問した時…
でっか…
何なのこのネコのエサ!?
あ♡これも色んな人が手伝ってくれてここまで持ってこれたんでス☆
ウフフ…♡
15kg
巨大ネコごはん
ほんっとにいろんな人に助けられてんだな…
天真爛漫ってゆーか…
うちは暖房が無いのでこれであたたかかくしてるんでーす♡
お湯
ん？この本は……

机の上に置かれていたのはスティーブ・ジョブズ伝と
トルコ語の復習問題集…

スティーブ・ジョブズはその生き方に共感したとか…

人は皆変わってて良いんだって言葉が好きで！

トルコ語はもちろんこの国で生きていこうと思っている横溝さんにとって大切なコミュニケーションツールですが…

ハイ！私ここでお料理習ってるんです!!

レストラン…？

現地のおばちゃん達からオフクロの味を学ぶ横溝さん…

…これトルコ版ギョーザなんです
…

アメリカを去った事は全く後悔してません
トルコまで来た選択は正しかったんだなーって…

とにかく前向きで楽観的な絢子さん
彼女の部屋の壁にはお客様からの感謝の手紙やお母様からの励ましのお手紙が大切にかざられていました…

トルコにいらしたいろんな方の幸せに役立ってる感じが最高なんです…!!

気球の乗客に手を振る横溝さん。
今回の主人公です

カッパドキア、奇岩の村。
壮大な景色が広がります

ニューヨークのキャリアウーマンが
トルコの気球ツアーガイドに！

見渡す限りの岩、岩、岩。トルコが誇る世界遺産、カッパドキア。総面積2500平方メートル、東京23区がすっぽり入る広さに、「妖精の煙突」と呼ばれる奇岩が立ち並んでいます。火山が生んだ不思議な造形を見ようと、年間およそ250万人もの観光客が訪れます。中でも一番人気なのが、気球に乗って上空から奇岩の全貌を眺めるツアー。多いときは80機以上もの気球が浮かび、空をカラフルに彩ります。

この気球ツアーのガイドとして働く横溝絢子さんは、唯一の日本人スタッフです。優雅な遊覧飛行も、一歩間違うと命の危険を伴います。安全が確保されているか入念にチェックし、参加者に着陸時の体勢の取り方を指導したり、気球に同乗して通訳したりと、一年中休みなく観光客の対応に追われます。

そんな横溝さんですが、実は2年前まで、カッパドキアという場所の存在すら知りませんでした。それ以前はニューヨークの大手銀行に勤め、アナリストとしてエリートコースを歩いていたのです。朝から夜まで株価の変動やマネーの動きとにらめっこして、レポート作成に追われる毎日。人との触れ合いもなく、次第に働く意味を見失っていきました。

「間違えちゃいけないプレッシャーとか、ストレスレベルの高い仕事でした。それを感じるためだけに生まれてきたわけじゃないのに、私は人生を無駄遣いしているのかなって、ニューヨーク時代は感じていました」

カッパドキア恒例、気球の渋滞

1度に30人は乗れる気球。
さあ、出発です

時には一緒に乗船し、眺めを日本語でガイドします

朝もやの中を一斉に飛び立つ気球たち

自分のやりたいことは何なのか…。迷いの中にいたとき、友人の勧めで初めて訪れたカッパドキア。圧倒的な自然、素朴な人々。ここに住みたい。迷いはありませんでした。2011年4月、トルコに移住。そして、現地で知り合った気球ツアー会社の経営者に「仕事を手伝ってほしい」と頼まれたのです。気球から望むカッパドキアの風景が大好きだった横溝さんは、すぐに就職を決めました。

朝の4時半。横溝さんの1日は、日も上らないうちから始まります。

気球の運行は、気流が安定している早朝がベスト。天候が悪ければ、気球を飛ばすことはできません。この日も濃霧のため、フライトの予定が2時間も遅れてしまいました。午前8時、ようやく準備が整って、いよいよ遊覧飛行が始まります。

「手前に見えてきたのがラブバレー、愛の谷です」

上空で大パノラマを見渡しながら解説します。奇岩のすれすれを飛ぶのも、気球ならではの醍醐味。

「きれ～!!」「すごい、すごいよ！」

参加者たちは、みんな笑顔で大興奮。およそ1時間のフライトを終え、地上に戻ってきました。

「最高でした！」「上から見る風景はステキ！」「一生ものの感動です。ありがとうございました！」

ニューヨーク時代と比べると、収入は3分の1に減りました。でも今は、参加者からの感謝の言葉が何よりのご褒美です。

「仕事でありがとうって言われたのは、これが初めてかもしれないですね」

乗客からの「ありがとう!」が一番やりがいを感じます

気温はマイナス１度。
笑顔で乗客を見送ります

お湯を沸かして暖を取る!? スチームにもなって一石二鳥

横溝さんの暮らすギョレメは夕方になると
コーランが響き渡ります

心から「好きだ」と思える仕事を探すため、トルコにやってきた。

横溝さんが暮らしているのは、カッパドキア観光の中心地、ギョレメ。人口2000人の小さな村です。

アパートの家賃は1万3000円。独身の横溝さんが一緒に暮らしているのは、かわいがっているネコたち。暖房もないので、ネコを抱いたり、鍋で湯を沸かしたりして暖を取ります。ニューヨークの銀行で働いていたとは思えない、質素な暮らしぶりです。テーブルの上には、アップルの創業者、スティーブ・ジョブズの本が。

〝素晴らしい仕事をしたいなら、好きなことを仕事にすること。まだ見つけていなければ探し続けること〟

キャリアを捨てる決心をしたのは、このジョブズの言葉に心を打たれたことがきっかけでした。心から「好きだ」と思える仕事を探すため、家族の反対を押し切って、トルコで一から出直すことを決めたのです。

横溝さんが働く気球ツアー会社の社員は、全部で50名。ほとんどが地元のトルコ人男性で、女性スタッフの数はほんのわずか。

「男性ばっかりで、最初はどうしていいかわからなかったんです。騒がしいし、がさつだし(笑)。でも内面がわかると、少年の心を持った純粋な方たちなので。見た目はゴツイんですけど、仲良くしてもらってます」

のんびりマイペースで、明るく親切なトルコ人男性に囲まれて、横溝さん

職場は男性だらけ。
みんなまったりくつろいでいます

愛猫は2匹。
ギョレメは野良猫もたくさん

はじめは打ち解けなかった仲間にも、
だんだんなじんできました

近所のムスタファさんのお店。
お土産物屋さんです

の肩の力も抜けていきました。悠久のときが流れるカッパドキアに身を任せるうちに笑顔も増え、ニューヨーク時代には味わえなかった〝やりがい〟を感じるようになりました。

気球ツアーの仕事が終わると、自宅の向かいにあるお土産物屋さんに立ち寄ります。店のオーナーのムスタファさんは、何かあったら助けてくれる頼もしいご近所さん。横溝さんが買い物に行きたいとき、自分の車を出して連れていってくれます。

　トルコに来て、人に頼ることが上手になったという横溝さん。冬の間は、ストーブのあるムスタファさんの店に入り浸っています。ご近所さんとの交流、これもトルコに来るまで味わえなかったことです。ニューヨークでは5年暮らしましたが、マンションの隣人と言葉を交わしたことさえありませんでした。

「ジュンコはいい子だよ。いい子だから、助けたくなるんだ。僕が目の病気になったとき、薬を持ってきてくれた。だから僕も助けるんだ。お互い様だよ」

と、ムスタファさん。

　トルコの人々はとことん親切。食料品の買い出しにも友人が付き合ってくれ、重い荷物を運んでくれます。

「『よかった』って思うことが1日に何回もあったり、毎日笑って生活できるので、ありがたいですね。出会いとか、助けてくれる人とか、いろんなことに感謝しています」

トルコの人はとことん親切。
家族のような付き合いです

週末は友人たちが食料の買い出しを手伝ってくれます

洞窟レストランでトルコ料理を習います

地元のお母さんたちと一緒にマントゥ作り

最近、もっとトルコを知りたいと通い始めた場所があります。地元のお母さんたちが教える料理教室です。

この日教えてもらうメニューは「マントゥ」と呼ばれるトルコ風水餃子。「これが作れないとお嫁に行けない」と言われるほど、ポピュラーな家庭料理です。あまり料理が得意ではない横溝さんですが、「何かのときに日本食しか作れないと困るかも」と、地元料理の作り方を習うことにしました。

「ジュンコに婚約者を見つけないとね。どんな男性がいい？　トルコ人がいいわよね」「ハンサムな人がいい？」「私が生きているうちに結婚式をしてよ」

マントゥの皮に具を包みながら、口々に語りかけてくるお母さんたち。

「それプレッシャーです（笑）。長生きしてね、お母さん」

本物の母娘のような、なごやかな時間が流れます。

ある日、気球ツアーの会社で食事会が開かれました。横溝さんは日頃の感謝を込めて、手作りのトルコ料理を持参しました。味付けしたお米をピーマンに詰めた「ドルマ」。トルコの有名な家庭料理です。

「おいしいじゃないか、ジュンコが作ったの？」「ジュンコはもうすっかりトルコに馴染んだね」

みんなが料理を褒めてくれました。トルコに暮らして1年半。出会った人たちとの絆は、日に日に強くなっていきます。

「洞窟ホテル」の経営にも挑戦、働く喜びを噛み締める毎日。

マントゥとはいわば餃子。
皮に弾力があります

会社の朝食会で、手作りトルコ料理を差し入れ

カッパドキア名物の洞窟ホテルの経営も始めました

横溝さんのドルマ、なかなか好評のようです

横溝さんは今、気球の仕事の終わった午後の時間を使って、新しいチャレンジを始めました。

カッパドキアのもう一つの名物、奇岩の中に掘られた洞窟。かつて住居や教会として使われていた手掘りの洞窟が、今もたくさん残っています。断熱性の高い石の洞窟は、夏は涼しく、冬は暖か。そんな洞窟を改装した「洞窟ホテル」の経営に、現地で知り合ったトルコ人男性と共同で乗り出したのです。

もっと多くの人に、もっと長い時間カッパドキアに滞在してほしい。その思いが気球ツアーの仕事とのダブルワークに挑ませました。

気球の仕事を終えると、オープンに向けて設備を整えている真っ最中の洞窟ホテルに駆けつけます。わずか7部屋の小さなホテルですが、その分アットホームな空間を目指しています。

「毎日お客様の笑顔が見られる仕事ってないと思うので、すごくやりがいがあります。今は『生活』が楽しいですね。『生活が楽しい』イコール『仕事も楽しい』っていうことだと思うんで、人生のサイクルがいい方に向かっているのかなと思いますね」

寒くてたまらなかったアパートの部屋に、友人たちが中古のストーブを持ってきてくれました。仲間に囲まれ、心までポカポカしてきます。

「天国みたい、パラダイス！」

お金じゃない幸せを求め、カッパドキアにやってきた横溝さん。トルコの人たちの優しさに支えられながら、今日も青空の下働きます。

「トルコに来て、人に頼ることを覚えました。
今はここでできることをやっていきたい」

客室７部屋だけの小さくてシンプルなホテル

トルコの旅
取材1回目のトルコ編
スタッフの多さにちょっとビックリいたしました….
滞在中何度飲んだか忘れたチャイ
ウ・マ・イ★
わら
わら
現地なでしこ専門スタッフ
編集者
背戸さん
編集者(自主参加)
ディレクター
カメラマン
私のマネージャー
総勢11名!!
なでしこ横溝さん
わーステキ
宿泊先は横溝さんの経営する洞窟ホテル
岩を掘ってできた部屋
洞窟ホテルの部屋の温度を上げ過ぎて蒸し焼き気分に
…..
あぢぃ!!
ポンペイの夢を見た…
大噴火
ぶぇっくしょっ
トルコ寒《さむ》っ!!
カッパドキアの思い掛けない寒さにひるむ私
朝4時まで気温1度..

市場で調達したもの☆
パック用
カッパドキアの粘土
べとべと…
カッパドキア
濃厚ハチミツ
激ウマハチミツ……
股下すごく長い
市場を歩いていて
見つけたトルコ式
オバチャンズボン
おお楽そう…
…きっとこういうやり方じゃないんだ…
……
この粘土
お湯で溶かしても
ただのザラザラな
泥になるだけでした
……
なでしこ：横溝さん
見たい見たい
見たい見たい
キャー
えっ
せっかくトルコにいらしたんだから
ベリーダンス見に行きますか？
夜だけど…
朝4時起きの皆さん
ズーン
ドコドコ
濃厚ベリーダンス
どこかの国の
おじさんも
踊らされている
ハハハ
ステージに出されて
ダンサーの前で何故か
サンバを踊るディレクター
MA
貴重品ポシェット
サンバマニア
アハハ
この後も
他国に私みたいな変人の取材に行くんですね……
たいへんそー
ミギャー…
取材中
スタッフがひろった仔猫
「まりちゃん」と名付けられ
よこみぞ家に暮らしている
よこみぞさん天然語録

レンズが曇るほど熱い洞窟ホテル内部。

ポンペイの夢を見た…

実は気球にも乗りました。無事に降り立ち、

安心から満面の笑み

はちみつは、巣から取り出したまんま売っていて

激アマでおいしい!

バンバン気球が飛び立つ中、取材は進められました

トルコ取材中、何杯飲んだかしれないチャイ&
親切なトルコ人男性が運んできてくれた
クレープ

マーケット散策中。

ここでパック用の粘土を見つけたのだが…

ベリーダンスのおねえさんを
激写するスタッフ

イスラム圏で踊られる神秘的な踊り「スーク」

思いがけず寒かった
トルコですが、
人は温かく
とにかく親切でした

漫画を描いてるとわらわら寄ってくるみなさま

取材終了後、
だしの効いたおじさんたちと一緒に

**なでしこさんからヤマザキマリさんに会った
感想＆読者のみなさまへ**

ヤマザキさんは売れっ子漫画家と伺って気が難しい方を想像しておりましたが、親しみやすいお綺麗な方で、画家という印象を受けました。

みなさまの貴重なお時間を、私の生活を見るために割いていただいて大変恐縮です。

毎朝、お客様から「放送見たよ」と言っていただけて、
知り合うことのなかった方と、
知り合いのようにお話しできることが
最近の生きがいです。

なでしこ file.2

《ミュージシャン／音楽講師》

浦田彩さん

禁じられた音楽を取り戻せ！

カンボジア王国ってどんなとこ？

インドシナ半島に位置する東南アジアの立憲君主制国家。首都はプノンペン。モンスーン気候帯に属し、5〜10月が雨期、11〜4月が乾期。国民の90％以上がクメール語を話し、仏教（上座部仏教）を奉ずるクメール人。通貨はリエルで、1リエル＝0.02398円（2013年3月現在）。米ドルも普通に流通している。日本との時差はマイナス2時間。入国にはビザが必要。日本からカンボジアへの直行便は運行されておらず、タイやベトナムなどを経由する。所要時間は乗り継ぎする空港にもよるが、10時間ほど。1975年、極端な共産主義を掲げるポル・ポト政権が成立。思想改革という名のもと自国民の虐殺が行われ、教師、医者、公務員、資本家、芸術家、宗教関係者など知識人のほとんどが強制収容所に送られた。1979年にベトナム軍が侵攻しポル・ポト政権を打倒。1989年にベトナム軍が撤退、1991年10月にパリ和平協定が結ばれ、1993年9月に王制復活。

Q3

カンボジアに来て、一番驚いたこと。

みんな、底抜けに明るい!!

音楽的なことを言えば、日本人が苦手な裏拍のビートを取れる人が実は非常に多い。

マディソンというジャンルの音楽があるのですが、それがかかると、みんな円になって一斉に踊りだす。

Q4

最近日本へ帰国した際、驚いたことはありますか?

インターネットのスピードが速いが、WiFiが無料で使えるところが非常に少ない。

公共交通機関がとてもきれいで正確。

あと何分で電車がホームに到着するかがわかるアプリケーションさえあり、それもまた正確。

Q5

カンボジアで一番おいしいと思う料理は?

アモックフィッシュ。

大家さんが作ってくれる海苔のスープ。

なでしこ file.2

浦《うら》 田《た》 彩《あや》

(31歳)

お住まい　カンボジア
お仕事　ミュージシャン
音楽講師

1982年大阪生まれ。4歳からピアノを始める。高校卒業後は大阪ヤマハ音楽院エレクトーン科に入学、首席で卒業。2003年、女性ふたり組のユニットでメジャーデビューを果たすが、作曲ができなくなり、わずか半年で契約打ち切りに。ワーキングホリデー制度を使ってカナダに行き、音楽以外のスキルを身につけようとするが、ピアノのことが忘れられず、再び音楽と共に生活することを決意。その頃「カンボジアの子ども達に曲をプレゼントしませんか?」というNGOのホームページを見て、カンボジアへ飛び、カンボジアに音楽を広めようとバンド「MILO(ミロ)」を結成。同時に、音楽の授業のないカンボジアの子どもたちに歌や楽譜の読み書きを教えるため、「出前音楽教室」活動をスタート。月に1、2回ほどカンボジア各地の学校を訪れているほか、カンボジア在住の外国人の子ども達にピアノの個人レッスンを行ったり、インターナショナルスクールの音楽講師としても活躍。現在150名もの多国籍な生徒を抱え、ほぼ休みなしで音楽の復興に取り組んでいる。

教えて！カンボジアでの暮らしぶり

Q1

カンボジア・シエムリアプでの1ヵ月の基本生活費を教えてください。

※通貨　100R（リエル）＝約2・5円
1$（ドル）＝約94・45円
◎家賃　150$＝約14,000円
◎光熱費　約50$＝約4,700円
◎ランチ代（1日平均）5$＝約470円
◎交通費　市内移動は自転車ですが、雨期になると、「ルモー」というバイクに4人乗りの座席がついたものに乗ります。
それが自宅から学校まで約2$（約180円）。出前授業に行く際、車をチャーターすることもあります。その場合は往復で約50$（約4,700円）

Q2

今後、カンボジアで日本女性が転職活動を行いたい場合、どういうルートがもっともメジャーですか？

シエムリアプはまだ日本人コミュニティーが狭いので、人づての方がメジャーだと思います。

今回の取材先は
世界遺産アンコール・ワットでも
有名な
カンボジアの
シエムリアプ…
カンボジアの
蒸し暑さは
11月でも
全く容赦はありません…
あっぢ~
ハァ
ハァ
こんな気候の中では
人々も皆ゆっくり
まったり生きていくしか
なさそうです…
道端に
しゃがんでいる人達
犬
そんなシエムリアプに
音楽活動をしている
日本人女性がいると
聞き…
さっそく夜の
繁華街に出かけてみた
わたくし…
こんな所に
住みつくなんて
どんな日本人
だろ…?!
ココナッツの
立ち飲み
(重さ1kg)
シエムリアプの夜は
ネオンが
方々に灯る
にぎやかさ
欧米人の観光客だらけ
むっ
どこから
ともなく
音楽が…!!

生バンド演奏の聞こえるお店の前には人だかり
あれが例の日本人女性のいるお店か…
このバンドのメンバーは一見多国籍
そして奏でられているのは楽し気なカンボジアの曲…
…見たところバンドの中の女性は現地の人だけだが…
ん…？もしかしてあのキーボードの人が…？
まさにそのキーボードの人が浦田彩さん
アラピーヤーヤーヤー
アラピヤー〜!!
あー♡こんにちはーすみませんあたし生まれてからまだ漫画って読んだ事なくてー
アハハッいいんですよそんなことぜんぜん〜
実に明るい浦田さん
ワハハハッ
ホホホッ
あたし実は日本で一度メジャーデビューしてたんですけどぜんぜんダメでー
彼氏にもふられるしお金も無いしでもうボロッボロで〜
明るく快活に自分の辛い過去を語る浦田さん

ピアノをずっと習っていた浦田さんは2003年「春来」という名前のユニットでメジャーデビュー
しかし活動もそれほどないまま解散…
彼氏にもふられしかも一文無し…リセットをするつもりで旅に出発
はぁ…
とりあえず心のおもむくままカンボジアへ…
この国の人の笑顔にすっかりいやされて
ニコ
チョムリアップスオー
ニコ
ニコ
浦田さんはカンボジアに移住することを決めたのでした…
だけどここに来てびっくりしたのが
誰も音楽の事知らなくてピアノを見た時には「箱から音が出た!!」って…
びっくりしました…
…つまりそれはポル・ポトの弾圧の影響を受けていたせいですか…？
カンボジアは1970年代
ポル・ポト政権による弾圧を受け学校の教育だけではなく文化に人々がたずさわる事すら禁止されていました
↑ポルポトの旗
音楽を弾いたり歌ったり踊ったりする人がいればたちまち殺されていた…
← カンボジアの伝統舞踊
そんな恐ろしい時代がこの国にはあったのです…

子ども達にピアニカを弾いて楽しんでもらおうと思った時も
音楽なんかより役に立つ日本語を教えて下さい！
と言われたそうです…
浦田さんは主食となっている近所の食堂の100円のパンを毎日かじりながら考えました…
もしゃむしゃ
…この国でこの私に何かできることは…
うーむ…
そして浦田さんはカンボジアの失われた時を求めてライブハウスで歌手をプロデュースしたり地方の学校へ出向いてそこで音楽の特別授業をすることに決めました
音楽は世界の共通のことばです！これを知っていれば世界中の人と仲良くなれるよ！
ハイじゃこの音は何でしょうー
ド
ド
…お金にかわるだけが夢じゃない…という浦田さんの思い入れの感じられる授業…
浦田さんの熱い思いを受け止めていきいきと音楽のすばらしさを学ぶ子ども達の姿は感動的
休み時間校庭を歩いていると
お
地面に絵を描いている男の子に目が行きました
かきかき
かき

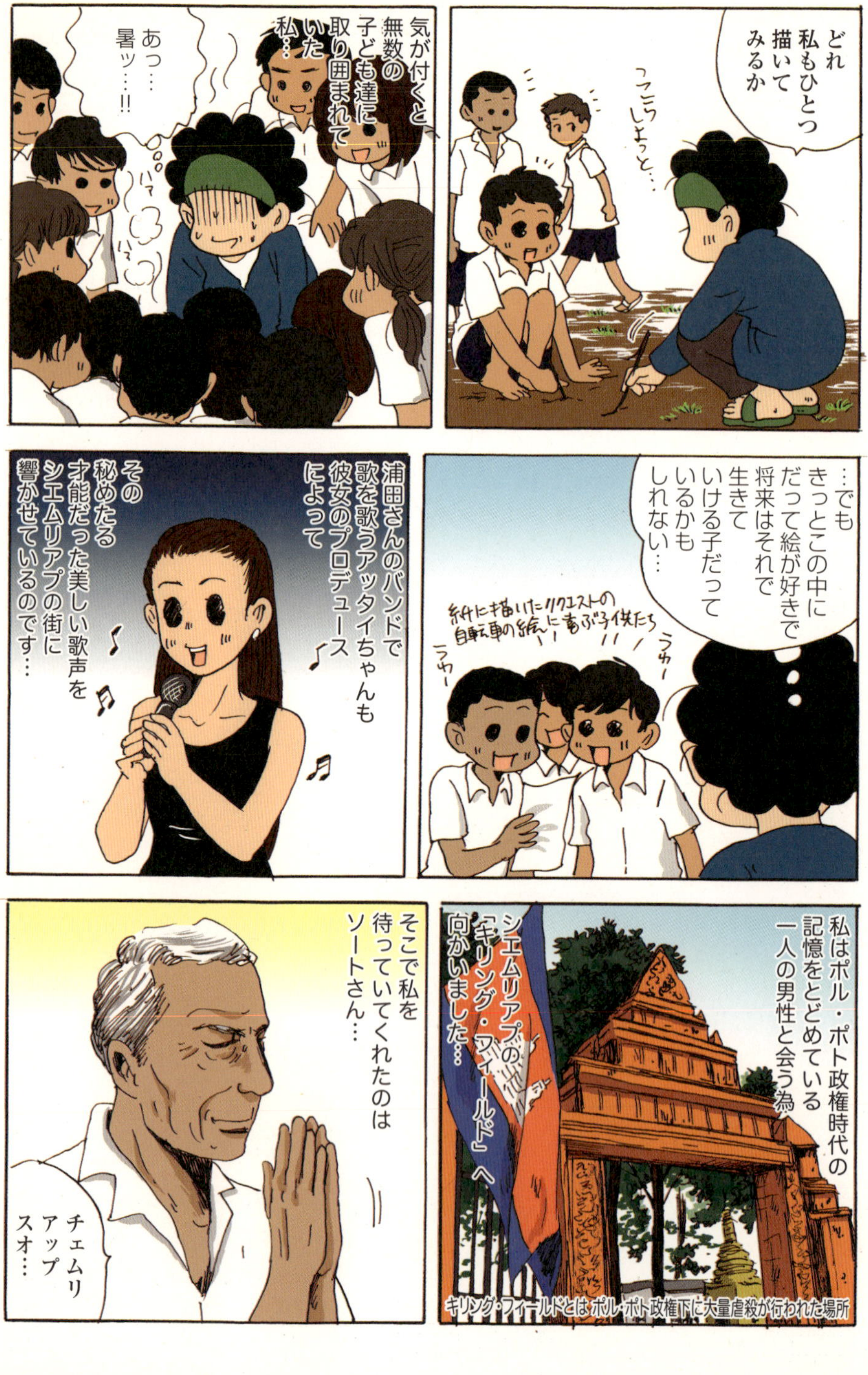
どれ 私もひとつ 描いてみるか
こう しようと…
気が付くと 無数の 子ども達に 取り囲まれて いた 私…
あっ… 暑ッ…!!
ハァ
ハァ
…でも きっとこの中に だって絵が好きで 将来はそれで 生きて いける子だって いるかも しれない…
紙に描いたリクエストの自転車の絵に喜ぶ子供たち
ワァー
ワァー
浦田さんのバンドで 歌を歌うアッタイちゃんも 彼女のプロデュース によって その 秘めたる 才能だった美しい歌声を シエムリアプの街に 響かせているのです…
私はポル・ポト政権時代の 記憶をとどめている 一人の男性と会う為 シエムリアプの 「キリング・フィールド」へ 向かいました…
キリング・フィールドとは ポル・ポト政権下に大量虐殺が行われた場所
そこで私を 待っていてくれたのは ソートさん…
チェムリ アップ スオ…

虐殺や強制労働で亡くなった方達の頭がい骨を集めた慰霊塔の前で
…
過酷なポル・ポト政権期の話をして下さいました…
音楽というものが断絶された期間を経てまた新たなる時代に
…
久々に音楽を耳にした時の感想を聞くと…
(心からの喜び)サバイチェットでした……
音楽との再会を語るソートさんの背後から突然音楽が…
音楽《プレイ》です!
お!! 何かやってるんですかね!?
慰霊塔のすぐそばにあるステージでは
伝統舞踊を練習する女の子達と楽器を奏でる男の子達が…
…音楽を聞くと「生きててよかった」と実感できるのです…
カンボジアは過去の栄誉を少しずつ取り戻しているのです…
浦田さんが立ち去った学校の教室から彼女の教えた歌が聞こえてきて…
ちーん
浦田さん G《グッド》・J《ジョブ》!!
この国を心の底から想う彼女の情熱と愛情を痛感したのでありました…

世界遺産アンコールワット。
観光客は年々増えています

夜はネオンまばゆい繁華街に変身。
蒸し暑さが心地いい

音楽の授業のないカンボジアで「出前音楽教室」をスタート。

カンボジア北部、シエムリアプ。世界遺産のアンコールワット遺跡がある街です。旅行者の数も年々増え、遺跡観光の拠点として賑わっています。夜になれば人が町に溢れ、ネオンが輝く繁華街に一変します。路地裏からふと聴こえてくる音楽。店内には、カンボジアの曲をアレンジして演奏するバンドが。観客と一体となって盛り上がっています。

このバンドでキーボードを担当しているのが、浦田彩さん。多国籍メンバーで結成した「MILO（ミロ）」のリーダーとして、5年前から活動しています。

7年前、日本での音楽活動に挫折した浦田さんは、再出発のためカンボジアに向かいました。しかしそんな決意を前に、衝撃的な事実を知らされました。カンボジアでは、30年以上前のポル・ポト政権時代に、音楽が葬り去られたというのです。

そして現在も、カンボジアの多くの小学校では、音楽の授業がありません。この国の子ども達に音楽を教えながら、自分も音楽を取り戻したい。そう考えた浦田さんは、3年前から音楽の出前授業を始めました。今までに訪れた学校は40校を超えます。

この日やってきたのは、初めて訪問する小学校。授業で使う電子ピアノに、子ども達は興味津々。この学校の生徒達にとって、初めての音楽の授業がスタートします。浦田さんが教材に選んだのは、カンボジアの童謡「アラピヤ」。50年以上前に生まれた曲で、当時の誰もが歌えたといいます。しかし今の子ども達は、楽譜の読み方も知りません。

やたら盛り上がっているライブハウス。
観光客でいっぱい

バンドのリーダー、浦田さん（左）。
今回の主人公です

出張音楽授業。
子どもの歌声が響き渡ります

楽譜を初めて見る子もたくさんいます

「ドレミが読めるようになれば、いろんな歌が歌えます。日本の歌、中国の歌、どの国の歌でも歌えます」

　音楽の知識がゼロの子ども達に、楽譜の基礎から丁寧に教えます。浦田さんの熱意につられて子ども達も楽譜の読み方を覚えようと必死です。続いて、浦田さんのピアノに合わせ、「アラピヤ」を合唱します。

♪みんな集まると幸せだね　さあ輪に入って、仲良くなって踊ろう
音楽に合わせて、夜遅くまで踊ろうよ　土曜の午後は休みなんだから1、2
アラピヤ～、アラピヤ～♪

　1時間の授業が終わる頃になると、子ども達の声も次第に大きくなり、歌うことに慣れてきました。

「こうやって最後に歌ってくれると、あ、今日も良かったなって。これはもう音楽の力ですよね。こういうところに来ると改めて思うんですよ、音楽ってやっぱりすごいパワーを持っているなって。1時間の授業の中で、みんながひとつになる瞬間がわかるというのがすごいなって思いながら、いつも授業をやっています」

かつて音楽を失った国の子ども達に音楽の素晴らしさを伝えたい。

浦田さんの自宅は、シエムリアプ市内にあります。家賃は日本円で1万4000円ほど。同じバンドでドラムを担当するフィリップ・

地面に絵を描くと、子どもたちは大喜び！

絵を描いたノートは取り合いになってしまいました

バンドメンバーのフィリップさんと互いに助けあう生活です

浦田さんの自宅。
乾期は自転車で通える距離です

クールンさん(26歳)と一緒に暮らしています。音楽の出前授業を行うのは、無償で月に1、2回ほど。普段は市内の子ども達にピアノの個人レッスンなどをして生計を立てています。

4歳からピアノを習い始め、18歳のとき音楽の専門学校へ進学した浦田さん。卒業公演ではソロの演奏者にも選ばれました。その演奏が音楽事務所の目に留まり、卒業後すぐに女性ふたり組ユニットとしてメジャーデビュー。しかしその直後、緊張の糸が切れたのか、曲が全く書けなくなってしまったのです。デビューからわずか4カ月後のことでした。事務所を辞めた浦田さんは、音楽と無縁の人生を探す旅に出ました。

「だけど、音楽のない生活って自分がパッとしないというか。私から音楽取ったら価値なし、みたいな(笑)」

そんなとき見つけたのが、「カンボジアの子ども達に曲をプレゼントしませんか？」というNGOの募集。自分にもできることがあるかもしれないと、早速カンボジアにやってきました。そして手始めに子ども達の前で鍵盤ハーモニカを吹き始めたところ、子どもの母親から衝撃的な言葉を投げかけられたのです。

「音楽なんかより日本語を教えて。お金が稼げるから」

〝音楽のない人生なんてありえない〟と改めて感じていた浦田さんにとって、この一言はショックでした。

実は1975年まで、カンボジアでも音楽は生活の一部でした。多彩な民族楽器を演奏し、音楽を愛する人が大勢いたのです。しかし、その後に誕生したポル・ポト政権が極端な共産主義を掲げ、農業以外のことは

「私から音楽を取ったら、
何にも残らないことがよくわかりました(笑)」

主席で卒業した頃の浦田さん。
希望に溢れていました

このあたりで初めてカンボジアの子どもに向けて演奏しました

犠牲者の慰霊塔。
中には頭蓋骨がびっしり入っています

不必要だとして、化学や教育、宗教ばかりか音楽まで禁止にしてしまいました。そして、強制労働や虐殺によって170万人以上の人々が犠牲になったのです。

　犠牲者を慰霊するために建てられた施設には、無数の頭蓋骨が積み重なった慰霊塔が立ち、悲しい歴史の傷跡を現在に残しています。この施設の管理をしている65歳のモン・ソートさんは、こう語ります。

「当時私は20代でしたが、ポル・ポト政権時代は音楽を聴くことはできませんでした。音楽が兵士に聴こえたら、捕まって殺されてしまいます」

　音楽に携わっていた人達はことごとく処刑され、伝統音楽に触れる機会はほとんどなくなってしまいました。久々に音楽が聴けるようになったとき、ソートさんは「生きていて良かった」と実感できたといいます。音楽の大切さについて改めて気づかされました。

音楽を失ったカンボジアの子ども達に、音楽の素晴らしさを伝えたい。そんな思いで始めた出前授業ですが、初めて受ける音楽の授業に戸惑ってしまう子もいます。小学6年生のネン・リナーさんもそのひとり。

「うまく歌えなかった。歌うことは、恥ずかしい」

　ネン・リナーさんのお母さんもおばあさんも、学校で音楽の授業を受けたことがありません。それでもおばあさんが子どもの頃は生活の中に音楽が溢れていました。「お祭りの日、お寺で伝統楽器の演奏が聴けたのよ」と、おばあさんは少女時代を懐かしみます。

　かつては村のあちこちから聴こえていた伝統楽器の音色。浦田さんは音楽の授業に伝統楽器の力を借りることを思いつきました。協力を依頼

リナーさんのおばあさん。
悲しい歴史の目撃者です

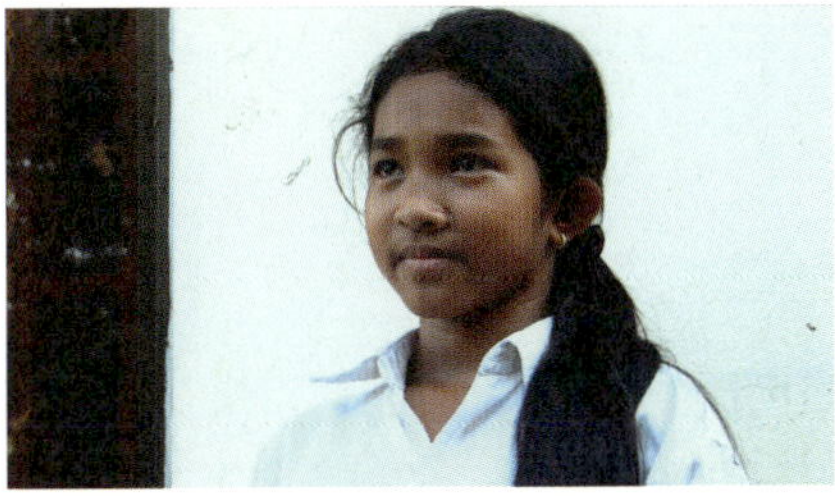

ネン・リナーさんは恥ずかしがり屋。
うまく歌えるかな？

伝統楽器クムの奏者、リアンさん。
独特な響きを奏でます

浦田さんもクムに挑戦

したのは、伝統楽器演奏家のラエム・リアンさんです。10歳の頃から楽器を習い始め、ポル・ポト政権時代は夜中に隠れて練習したこともあったといいます。

伝統楽器のひとつ、クム。何本も張られた透明の弦を、木琴のようにバチで叩いて演奏すると、エキゾチックで美しい音色がします。この音色を子ども達にも聴かせたい。浦田さんはリアンさんに「私のピアノと一緒に学校で演奏してほしい」とお願いしました。

カンボジアの伝統楽器を授業に取り入れる——。浦田さんの新たな挑戦の始まりです。

この日授業をするのは6年生。恥ずかしくて歌えなかったネン・リナーさんのいるクラスです。浦田さんは、子ども達と一緒に拍手でリアンさんを迎えます。本物の伝統楽器を見るのは、ほとんどの子ども達にとって初めてのことでした。

「ピアノにもクムにも『ド』の音があります。ほら、同じ音でしょ？　現代楽器だけでなく、伝統楽器でも演奏ができます。みんな同じ。楽しい、楽しい」

いよいよ伝統楽器と電子ピアノのコラボレーションが始まりました。演奏するのは、前回の授業で歌った「アラピヤ」です。子ども達に自分の国が生み出した伝統楽器を知ってほしい。そんな思いを演奏で伝えます。夢中で耳を傾けていた子ども達の間から、自然と手拍子の音が鳴り響き始めました。

アラピヤ〜、アラピヤ〜♪

かわいい歌声も加わってきました。これまで歌えなかったネン・リナーさ

浦田さんのピアノとリアンさんのクムで合奏です！

リナーさんも笑顔で歌っています

浦田さんのバンドでボーカルを担当するのは地元の女の子

音楽で一つになったとき、最高の笑顔がこぼれます

んも笑顔で口ずさんでいます。浦田さんの目に涙が光ります。歌声はどんどん大きく、力強くなっていきます。

「グッときましたね。演奏しながら、もうダメ、我慢できない～って。こんなに感動したのは初めて！」

カンボジアの新しい伝統を作っていける人を育てたい。

12月、アンコールワットで開かれたマラソン大会。大会を盛り上げるために、浦田さんのバンド「ＭＩＬＯ」が招待されました。

浦田さんの次なる夢、それは、次代のカンボジア人アーティストを育てること。「ＭＩＬＯ」の女子高生ボーカル、アッタイを一人前の歌手にしようと、時には厳しいボイストレーナーとなって奮闘しています。

「カンボジアって、ポル・ポトだとか地雷とか、暗いイメージがありますけど、素敵なものもたくさんあります。次代は、その素敵なものを作っていく時代に入らなきゃいけないと思うんです。もちろん伝統を復興することも大切ですが、新しい伝統を作っていける人を育てていきたい。やりたいことは、まだまだたくさんあります」

一度は音楽に挫折した浦田さん。かつて音楽を奪われたカンボジアの人達と共に、これからも大好きな音楽の道を歩んでいきます。

新しい世代が新しい歴史を作りだそうとしている躍動の国、カンボジア

一度は失われた音楽を一緒に取り戻すために頑張って！ 浦田さん

カンボジアの旅
カーボジアへ ようこそ〜 暑いでしょ〜 いハハハ…
ダラ ダラ ダラ
コンニチワ!!
ヒヒヒヒ 元気になってきましたよ……
ギラ ギラ〜 ギラ ギラ
現地コーディネーターの野中さん 人の良さそうな… ひと昔前の中学校の熱血教師というイメージ
自分に娘がいたら ぜひとも伴侶にして欲しい 働き者で誠実な青年 ソチアさん 日本語ペラペラ… 若いのに…
暑いところへ来ると変なアドレナリンが出て活性化する仕組みの私。カンボジアでも絶好調!
見渡す限りのしゃがむ人々…
ぷぁ〜
しゃがんでいる人達を見るのは目にやさしいです….
皮製品店の前に置かれていた
巨大拝みワニ
拝んでいる
ワニ!?
夜の撮影中.....
ん…? 何だあれ…

あんたちがうだろッ
…
拝んでないし!!
みんなで拝もうぜっ!!
ズラー
しかもっベビーワニも拝んでるし
1体1500円くらい
ミニハクセイ☆
ところでカンボジアで食べたうまいもの…
うっうめえ!!
1ヶ50円くらい
カンボジアバゲットサンド
ビーボーな時、こればっかり食べてました－
↑なでしこのうらたさん
魚の煮つけ
ゆで玉子煮つけ
白ごはん
屋台で食べたシンプル家庭料理
(タイ料理と違って辛くない)
…思わず2個食べてしまった私…
(今回の取材全体を通じてたぶん1番おいしかったもの…)
えーっ…?!
?!
何でだろうと思っていたら…
…何だかわからぬまま記念撮影
(タイからの皆さん)
アンコールワットでは知らないおじさんに写真を撮りまくられました…
カシャ
カシャ
カシャ
……??
……
へー
ホー
ヒソ
ヒソ
ヒソ
マラソンかー
日本のマラソンの選手よあの人……
えっ!? だれが!!?
(この日アンコールワットマラソンがあった…)

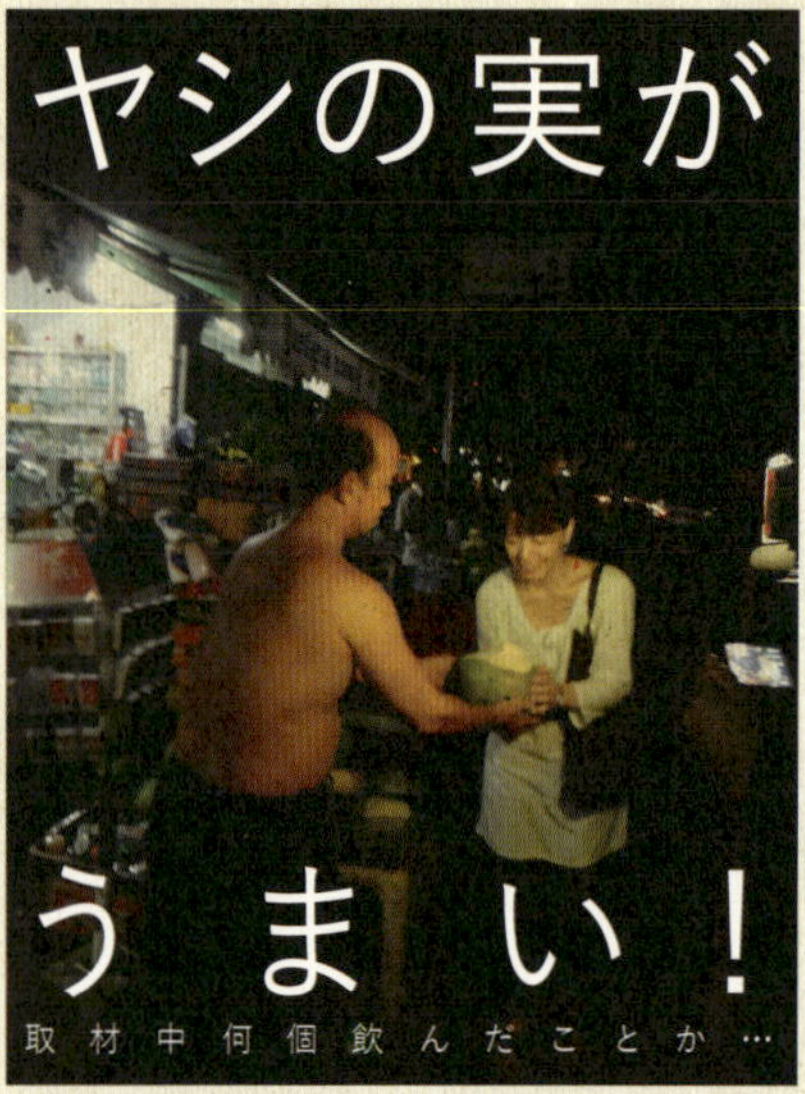

ヤシの実が
うまい！
取材中何個飲んだことか…

街中に現れたワニと寄り添ってみました

元気をチャージしたカンボジア

子どもたちと触れ合えた貴重な時間でした

音楽もだけど、
絵も世界の共通言語
ですよね

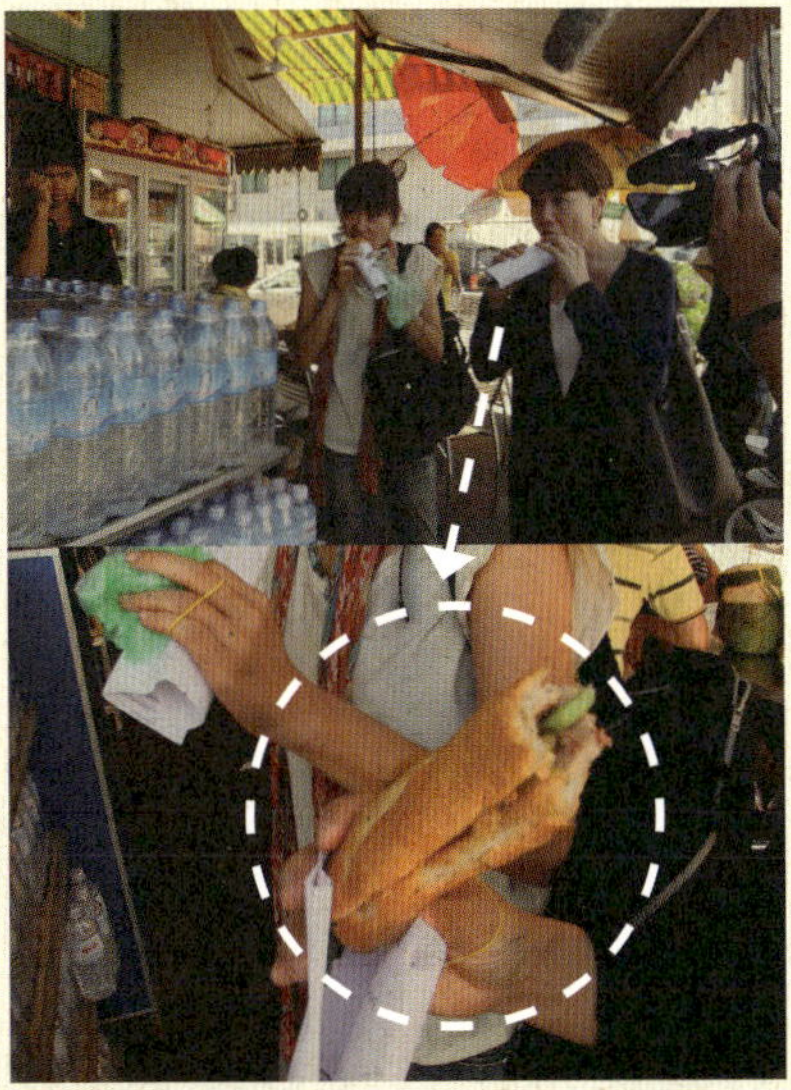

この取材中、一番おいしかった
バケットをむさぼるわたくし

カンボジアの素朴な料理は

胃に優しい感じ

ビバ熱帯！ ヤシの実を飲みまくり

今は、子どもたちにも伝統芸能が継承されています

ネームを描いたお店でもヤシの実飲んでました

遺跡に住み着く

人懐っこいサル

なぜか

マラソン選手に
間違われ、

記念撮影されるの図

なでしこさんからヤマザキマリさんに会った感想＆読者のみなさまへ

声が低くてちょっとびっくりしました。あと、手の形がきれい。今まで生きてきた中で漫画を一冊も読んだことがない、と失礼ながらもお話しすると、その時はさりげなく流されたのですが、しっかり漫画の一コマに描かれていて、ありとあらゆることに興味をもつ方なんだな～と思いました。

放送後、たくさんの激励のメッセージをいただき、とても嬉しかったです。この場を借りてお礼申し上げます。私は、カンボジアにつてもなくやってきて、特別なスキルがあったわけでもないし、経験があったわけでもありません。外国人である私が音楽の普及活動をすることが果たしていいことなのかさえもわからず、悩みながらも、日本にいる家族や友人、そしてカンボジアで出会ったたくさんの方々に支えられて7年間やってきました。

それがこんな形で番組で取り上げていただいたことで、自分がやってきたことや、これからやろうとしていることに、自信を持つことができました。これからもカンボジアの魅力や、音楽の持つ力の可能性を、私なりに発信していけたらと思います。

なでしこ file.3

《広告営業ウーマン》
大堀かおりさん
広告の街に生きる

香港

香港ってどんなとこ？

中華人民共和国香港特別行政区。南京条約（1842年）により香港島が、北京条約（1860年）により九竜半島の先端が英国領土となるが、1997年7月1日、中国に返還された。高温多湿の亜熱帯気候で、雨期と乾期がはっきりわかれており、6月から8月にかけての雨量は特に多い。夏の平均気温は25度ほどで、冬は2月の一番寒い時期でも日中は15度くらいまで上がる。1年を通じて室内は冷房が効きすぎているところが多いので、夏でも上着を持参するのがベター。民族の95％は漢民族で、言語は広東語、英語、中国語（北京語）。通貨は香港ドルで、1HK$＝約12・21円（2013年3月現在）。日本との時差はマイナス1時間。夜景で有名なビクトリア・ピーク、屋台が並ぶ女人街、街中を走るトラムなど観光名所は盛りだくさん。3カ月以内の旅行であれば、ビザは必要ない。日本から香港までは直行便があり、所要時間は5時間ほど。

Q3

香港に来て、一番驚いたこと。

外食文化。料理ができない女性が多いことです(りんごの皮もむけない同僚もおりました)。家事ができなくても、特に問題がないという雰囲気があります(メイドさんがいるため)。

Q4

最近日本へ帰国した際、驚いたことはありますか？

コンビニやスーパー、デパ地下に行くたびに、新商品や「ここまで細分化するか!」という商品の数々に驚きます。特にデパ地下は商品の魅せ方がうまく、全てが美味しそうに見えます。ほかに、電車の中は携帯禁止で静かなので、妙に緊張します。

Q5

香港で一番おいしいと思う料理は？

飲茶。種類の多さに驚きます。
行くたびに、何かしら新しいメニューを発見します(日本人と行くと好みが似ているのでだいたい同じものを食べるのですが、香港の方と行くと、新たな発見が多いですね)。

なでしこ file.3

大《おお》堀《ほり》かおり

（30歳）

お住まい　香港
お仕事　広告マーケティング会社営業

1982年福島県生まれ。大学在学中、留学生支援サークルに入り、代表を務める。05年、交換留学で1年間モンゴルに留学。07、大手商社に入社。同年、出張で行った香港に魅せられる。10年、香港在住の知人に誘われ現在の会社「Focus Imaging Ltd.」に入社。日本の飲食店チェーンを中心に幅広いクライアントを抱え、WEBサイト、ポスター、Facebookなど様々なメディアを使った宣伝を展開している。家族や友人など“身近な人”と過ごす時間を一番に大切にしている香港の人たちの影響で、休日は好きな人と好きなことをすると決め、オンとオフをしっかりと分けた充実した毎日を送っている。

教えて！
香港での暮らしぶり

Q1

香港での1ヵ月の基本生活費を教えてください。

※通貨　1HK$(香港ドル)=約12.21円
◎家賃　13,000HK$=約158,730円
◎光熱費　300HK$=約3,663円
◎ランチ代(1日平均)
23HK$=約280円
(日本食だと、100HK$=約1,200円)
◎交通費
(会社までの運賃)地下鉄
片道10HK$=約120円

Q2

今後、香港で日本女性が転職活動を行いたい場合、どういうルートがもっともメジャーですか？

エージェントがメジャーだと思います。
日系のエージェントが多数進出しておりますので、登録する方が多いようです。
また人づてでの紹介も、たまに聞きます。

香港といえば
それは私が人生で
初めて踏み入れた海外
時は37年前…
飛行機がまだ
街の家屋の屋根スレスレに
飛んでいた頃のこと…
空港に入った途端
そこには
大声でしゃべる
たくさんの
地元の人々…
※母はこの時
香港のオーケストラへの
移籍を考えていたのでした
…
高層ビルと
貧しい人々…
おかね…
…
…
その社会の
激しいコントラストに
押し黙ってしまった
我々親子…
あれっ?!
無いっ
外を歩けば
物は盗《と》られるし…
家の中にいても
物売りやら何かの
セールスやらが
ドン
ドン
ドン
絶え間なく
やってくる
始末…

街の中には物欲をあおるすさまじい数の看板…
お金というものの絶対的な存在感を痛感させられる香港…
母はこの街のエネルギッシュさに2ヵ月でドロップアウトして日本へ帰りましたが…
ええっ あの香港で広告代理店に勤めてる日本女性がいるって⁉
へ〜っ。。
あんな激しい街で激しい中国人を相手にしかも広告業界となるとおそらく…
かなりキョーレツなクセのある女性であることはまちがいない…
う〜ん
そんなわけでその香港の広告代理店を訪れた私…
外観は別にフツーのビルだな…
エクスキューズミー…
ミスオオホリプリーズ…
マイイメージ
オオホリサン
OK…
ドキドキドキドキ
そして間もなく
ガチャ…
お待たせいたしました私が大堀です…

キラーーン!!
香港にようこそーっ
えっ…?! あっ あなたが…
マ マブシイ
ハイッ大堀です♡
もともと日本で働いていたんですけど
香港に来て初めてこの仕事始めました
へぇえ~
うふふふ
イメージぜんぜんちがったし…!!
会社の中もスタイリッシュ!!
雑然としたのを想像してたけどこれもぜんぜんちがったし…
働いている人達もスタイリッシュ!!
Hello
私の上司《ボス》です
わ…私の知らない36年の間にいったいここで何が…
打ち合わせの声もとても静か…
…
…

お手数ですが
50円切手を
お貼りください

郵便はがき

163-8691

日本郵便株式会社　新宿郵便局
郵便私書箱第39号
[株]メディアファクトリー 出版事業局

ヤマザキマリの
アジアで
花咲け！
なでしこたち
愛読者係

◆下記のプライバシーポリシーに同意して以下を記入します

ご住所：〒□□□-□□□□

フリガナ

お名前

ご職業［　　　　　　　　　　　　　　］

【個人情報取得について】
お預かりした個人情報は、当社からの新刊情報などのお知らせ、今後のアンケートにご協力の承諾をいただいた方へのご連絡に利用します。個人情報取扱い業務を外部委託することがあります。

個人情報管理責任者:株式会社メディアファクトリー　出版事業局　局長
個人情報に関するお問合せ先:カスタマーサポートセンター
TEL:0570-002-001（受付時間:10時〜18時　土日祝日除く）

ヤマザキマリの
アジアで花咲け!なでしこたち

●本書を購入いただいた理由は何ですか?(複数回答可)

1. テーマ・タイトルに興味をもったので　2. 著者にひかれて
3. 装幀にひかれて　4. 広告・書評にひかれて
5. その他(　　　　　　　　　　　　　)

●本書をどうやってお知りになりましたか?(複数回答可)

1. 書店の店頭で　2. 友人・知人にすすめられて
3. webやツイッターで　4. コミックエッセイ劇場を読んで
5. 雑誌や新聞で紹介されていて　6. その他(　　　　　　　　)

●読んでみたいコミックエッセイのテーマなどあれば教えてください

(　　　　　　　　　　　　　　　　　　　　)

●最近購入した書籍のタイトルと購入した月を教えてください

(購入月:　　　　月ごろ　タイトル:　　　　　　　　　　　)

✉ **本書に対するご感想や、ヤマザキマリさんへのメッセージをお願いいたします。**

※アンケートにご協力いただき、ありがとうございました。
あなたのメッセージは著者にお届けします。お手数ですが、下欄もご記入ください。

お住まいの地域		性別	年齢
都府 道県	市町 村区	男・女	

WEBコミックエッセイ劇場 http://www.comic-essay.com/　@comicessay

※新刊情報などを葉書でご案内してもよろしいですか?　□はい　□いいえ
※あなたのコメントを新聞広告などで使用してもよろしいですか?(本名は掲載しません)□はい　□いいえ
※新刊情報などのご送付を希望されない場合、表面のご住所欄をご記入いただく必要はありません。

何ていうか 香港がすっかり 様変わりしていて ビックリしました…
…こんな キラキラ してませんでしたよ…
えー そうなんですか⁉ 昔の香港は 知りませんけど 今はとっても 住み心地がよくて 気に入ってるん です
同僚たちも 親切に 大堀さんを サポート してくれるし
広東語が できなくても 日本語のわかる スタッフが 彼女専用について くれているという待遇…
広告・看板の激戦地 香港でどんなすさまじい 仕事現場と思いきや…
今日は 体にいい ベジタリアン でランチ しよ♡
ヘルシー系 スタイリッシュ な若者 (ばかり)
あ…あのう… パッと見たところ (私好みの) 年配の 方とかが いらっしゃらない 様なんですが…
そーですねー 皆の平均年齢は だいたい 20～30代です ねー
大堀さんも 30代
ピチ ピチ
しかも皆ほとんど この会社に就職して 1年にも満たない というのです
香港では 1、2年で転職 するのは 当たりまえ
日本みたいに 長期のビジョンを 無理に立てないので 皆ストレスも ないんですよー
大堀さん自身も香港に来て この職についてから 全くストレスがたまらなく なったとのこと
うちにも 遊びに来て 下さい 私新婚 なんです…
うふふ
へえ そうなんですか
いちいち まぶしいわ!!

こんにちはー 夫でーす
電車でナンパされて その後私から プロポーズ しました～
新婚2ヵ月目
素行さん かつて広東省で アイドルタレント をしていた 日本人
この二人を見ていると かつて私が感じた 香港のギトギト感が ウソのように思えて きます…
新人類という やつか…
家は めちゃ狭い ッスけど 住み心地は いいですヨ
香港の人は 穏やかだし♡
さわ やか
スタイリッシュな 広告代理店とアツアツの 大堀さん宅を訪れた後 私は自分の知っている香港を 探しに行きました…
…確か ハッピーバレー という競馬場 が見えた 丘の上の家…
あっ わかりました
ガイドの モニカさん
…しかし そこへ行ってみると…
知らない 景色に なっているっ
私達の暮らしていた イギリス植民地風 マンションは 取りこわされて おりました…
大丈夫 この丘の人は たぶん昔の ままですよ
がっかり…
…
モニカさんに 連れてきて もらった 青空市場…
ああっ ここはそのまま ではないですかっ

私はこの市場で
物乞いの少年と出会いました
え…? 何? あくしゅ?
…
お金が絶え間なく
うごめく香港という大都会で
生き抜くその少年の
必死のまなざしは
今でも脳裏に焼き付いています…
その数日後
同じ場所でまんじゅうを
食べる少年と
再会したが…
あっ
あっ
親しい友達にでも
会ったようなあふれる笑顔…
ニコ〜
あの時のような感動が欲しくて
私はよく海外へ出るように
なったのかもしれません
今の香港には
全くその当時の面影は
残っていませんが…
あの少年
今頃どこで
何やってる
かな…
あの時
私が感じた
人々のパワーが
どんどんつのって
きっと今の
香港になり
新人類
だなあ〜
そんな今の香港が
必要としているのが
まさに大堀さんの
ような人なのでしょう…

1997年中国に返還された以降も、アジア屈指の経済都市だ

看板ひしめき合う香港。街はエネルギーに溢れている

パワー溢れる香港に渡り広告営業ウーマンに。

人々の活気溢れるアジア屈指の経済都市、香港。頭上にはいくつもの看板がひしめきあい、ビルの壁面やバスの車体も広告で覆われています。企業の広告で溢れるこの街は、文字通り世界のショーケースです。大堀かおりさんは、そんな競争の激しい香港の広告業界に、経験もなく飛び込みました。

「行ってくるねって言った以上、そう簡単には帰れないですし、頑張らないとっていう意地はあります」

街の外れの古いビルの中に、大堀さんの働く広告マーケティング会社があります。建物の外観やエレベーターは年季が入っていますが、オフィスの中は最新式で、会社自体も5年前に設立されたばかり。50名いる社員の平均年齢も若く、20~30代が中心です。大堀さんは唯一の日本人社員として、営業を担当しています。

実はこの会社、情報共有サイトのフェイスブックに載せる広告で、今急成長しています。人口の70%がフェイスブックを活用している香港では、ここに広告を載せることが、最も効果の見込める宣伝方法なのだとか。香港に進出した日本企業も、このフェイスブック広告に力を入れ始めています。

大堀さんは、香港に支店を開いた日本企業の広告を一手に引き受けています。一見華やかに見える大堀さんですが、性格は真面目で控えめ。コツコツとひたむきに企業の要望を聞く姿勢が評価され、信頼を獲得してきました。これまで、日本の居酒屋チェーンやラーメン店など、10社以上もの広告

若い人が中心で、スタイリッシュなオフィス内

ショートカットがステキな大堀さん。今回の主人公

食堂常連客の徳さんと。言葉は通じないけどお友達

これで1食280円ほど。香港の食は安くてウマい！

を手掛けています。

「いや、まだまだですね。まだ自信がないです。勉強させていただいているって感じです」

日本では、大手の商社に勤めていた大堀さん。上司に言われたことをきちんとこなす毎日に窮屈さを感じていました。そこで思い出したのが、かつて出張で訪れた香港。パワー溢れる街で、自分を変えたいと思い立ったのです。

「20代の後半で大事にしなきゃいけないことって、〝この仕事が楽しいか楽しくないかだな〟っていうのに気がついて、そうだ香港に行こう！って、勢いで決めました」

香港に渡って3年。給料は日本にいた頃と比べ、半分ほどになりました。そんな大堀さんの強い味方が、街の食堂。ランチは280円でおかずが3品選べます。大堀さんに向かって手を振るおじさんがいます。常連客の徳さんです。毎日店で顔を合わせるうちに仲良くなり、一緒に食事をするようになりました。仕事は英語と日本語でこなしている大堀さんに、徳さんの話す広東語はほとんどわかりません。でも徳さんは「毎日会っているから友達だよ」と、笑います。言葉は理解できなくても、ハートで通じ合っているのです。

香港での生活にはずいぶん馴染んできましたが、仕事の方はまだまだ悩みが尽きません。同僚と打ち合わせをしたいのに、なかなか言い出せない。相手が忙しそうにしていると、声をかけることさえ諦めてしまいます。

なかなかスタッフに声をかけられない大堀さん。
押しの弱さが悩み

3年前香港にやってきた。
日本での自分を変えたかったからだ

ケニーさんは仕事上のよき相談相手

日本の顧客が多く、商談は主に日本語で

「私はまだみんなにそんなに強く言えないです。ちょっと遠慮しちゃう部分があるので……」

一方香港の人達は遠慮なんかしません。言いたいことがあるときは、相手の都合は気にせずに、ガンガン話しかけます。そんな香港の人達には、「日本人は周りを気にしすぎる」と映っているようです。

「香港の人は何か問題があればストレートに言うのが普通だよ。でも日本人は言わないよね」

と、大堀さんの同僚のケニーさん。

「香港の人は『自分はこう思う』と主張してくるので、自分の意見を持つことが大事なんだなと思います」

わかってはいるけれど、なかなか行動に移せない大堀さん。悩みは深そうです。

新たな契約を取るチャンス到来！
でも、仕事に自信が持てなくて…。

12月、きらびやかな巨大ツリーが登場し、街はクリスマスムード一色です。この時期から2月の旧正月にかけて、香港では結婚や婚約をするカップルが急増します。そこで高まるのが、指輪の需要。そんな中、大堀さんに新しい契約を取るチャンスが到来しました。

この日訪れたのは、香港に初めて出店した日本の宝石会社。結婚シーズンを狙って、「男性向けの婚約指輪の広告キャンペーン」を提案してほしいと頼まれたのです。香港では、男性ひとりで婚約指輪を買いに行くケースが多いため、男性客にターゲットをしぼりたいと、宝石会社の担当者は考えていま

クライアントの意向はちょっと厳しそうだ

反論できず、うなだれる大堀さん。頑張れ！

同僚の彼女も、物怖じせず意見を言えるタイプ。
うらやましい！

ケニーさんに相談するも、らちがあきません

す。そのリクエストを聞き、大堀さんの表情は不安そうに曇りました。というのは、以前、宝石関係のフェイスブックでキャンペーンをやったところ、参加者の7～8割は女性だったのです。その経験から、女性向けの広告をクライアントに勧めますが、受け入れてもらえません。主張を曲げない先方と、つっこんだ議論をしないまま、大堀さんは引き下がってしまいました。

会社に戻った大堀さんのもとに、同僚たちが集まってきました。相手の要望をそのまま受け入れてきた大堀さんに、厳しい言葉を浴びせます。

「このキャンペーンで男にお金を使わせるのは無理だ」

　ケニーさんが指摘します。「20歳から30歳の顧客をターゲットにする」という大堀さんのアイデアも、「20歳で結婚は早すぎるでしょ」と一笑に付されてしまいました。大堀さん、何も反論できません。それでもこれまでやってきたように、企業のニーズを反映した提案を考えます。男性の関心を引こうと、メンズエステやホテルの宿泊券などのプレゼントを考えてみますが、プレゼントをしただけで指輪を買ってくれる男性が増えるのか…。自信がなさそうです。

「このキャンペーンに男性がどのくらい反応してくれるのか、心配ですね。今日の打ち合わせのとき、その点を言おうと思ったんですけど、うまく言えなくて…」

　同僚が帰宅してガランとなったオフィスで、大堀さんはひとりで頭を抱えていました。

企画書作りが終わらず残業…
いいアイデアが浮かばない

果たして男性は、このキャンペーンに乗ってくれるでしょうか…？

帰宅後、そろって夕食。大切なリラックスタイムです

旦那さんはエンターテイナー。
大堀さんの気分を和らげてくれます

夜 8時、大堀さんが家に帰ると、ギターをかきならしながら大声で歌う声が…。歌っていたのは、大堀さんの夫。広東語も堪能な彼は、ＳＯＫＯという名前でテレビのレポーターや音楽活動を行うなど、香港の芸能界で活躍しています。

「私の仕事の話なんかもするんですけど、よくわかってないみたいで。逆にそこがリラックスできるというか、すごくオフになれるんです。全く違う世界に帰ってこられる。そこがいいですね」

底抜けに明るい旦那さんとの団らんは、大堀さんにとって、かけがえのないひとときです。

だんだん自己主張できるようになり、香港で自分の居場所を見つけた。

宝石会社への提案の締め切りが近づいていました。相手の言う通り、男性向けの広告にするか迷い続けていた大堀さん。ふと、ある言葉を思い出し、付箋に書いてパソコンに貼り付けました。

〝お客さんの立場に〟

広告主の意向に沿うだけでなく、その先にいるお客の立場になって考える方が、よい結果を生む――。

「言われたことだけ、ありものだけを提案していてもつまらないので、何かプラスアルファで面白いことをやっていかないと、お客さんへのいい提案につ

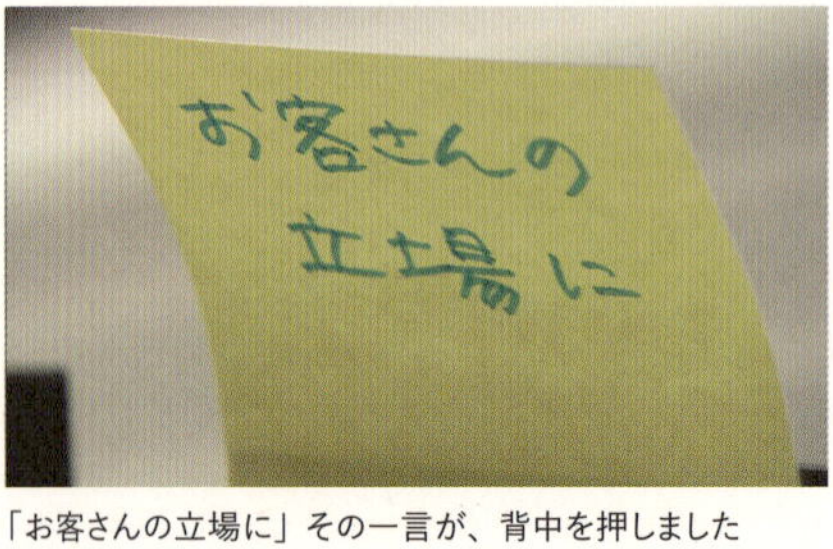

「お客さんの立場に」その一言が、背中を押しました

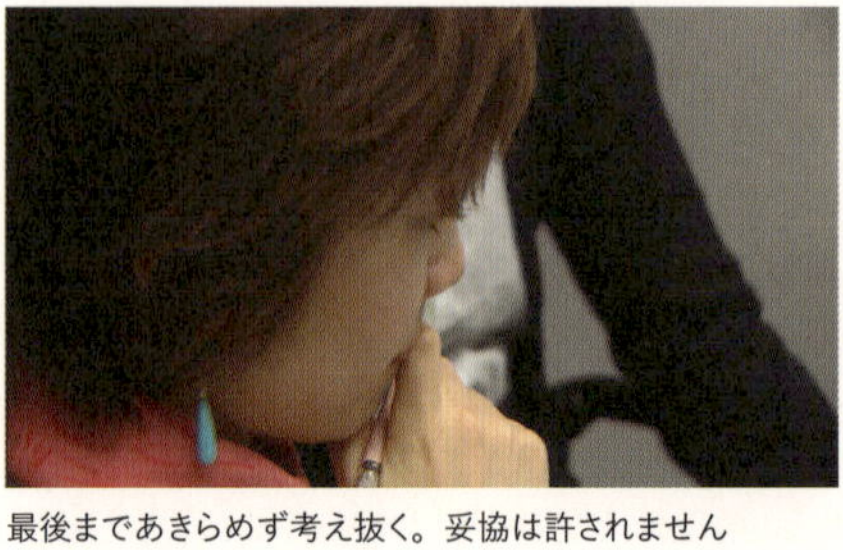

最後まであきらめず考え抜く。妥協は許されません

最後はクライアントも納得してくれました。よかった！

猛然と企画書を書きなおす大堀さん。
もう迷いはありません

ながらないかな、と」

大堀さんは意を決したように、書きかけの企画書を消して、書き直し始めました。男性だけでなく、女性の取り込みも重視する内容です。このとき、同僚のケニーさんが大堀さんに話しかけてきました。今まで厳しい意見ばかり口にしていたケニーさんですが、宝石会社のことを密かに調べてくれていたのです。ケニーさんから出た言葉は、大堀さんへの励ましでした。

「付き合っている彼女が指輪を気に入ってくれたら、男でも買いたいと思うし、女性客を取り込むことは、すごくいい戦略だと思うよ」

大堀さんとケニーさんの意見は一致しました。宝石会社にも、男性向けに絞ったキャンペーンでは結果が出ないことをはっきりとメールで伝えました。

「最終的にこれでいくって決めるのが自分っていうのが、ちょっとドキドキするところですよね。ただ、結果が出るまで何とも言えないです、本当に」

何日間もモヤモヤと思い悩んでいた大堀さんに、やっと笑顔が戻りました。

大堀さんの会社でもクリスマスパーティーが開かれ、同僚達と楽しい時間を過ごしました。少しずつ自分の主張を口にし始めた大堀さんを、仲間達は受け入れてくれています。そして、宝石会社とも無事契約が決まりました。女性客を意識した写真を豊富に盛り込んだことで、広告へのアクセスが順調に増えています。

「日本にいた頃より、自分の足でちゃんと走っている感じがするというか、やりがいがありますね。本当に自分の居場所があるって感じがします」

自分の殻を破りたいと、香港に飛び込んだ大堀さん。一歩一歩、前を向いて成長しています。

大切な商談をものにしたあとの満足感こそ、
最大の喜びです

時はクリスマス。会社でのパーティーが行われました

香港の旅
香港の街には
景気の良さ気な女性がいっぱい!!
さらっさらの髪
セレブサングラス→
エステとかひんぱんに行ってそうなカラダつき
香港ではバーキンやケリーバッグを持っている女性がたくさんいるよ☆
とにかく
ゴージャス!!
ブランド店のショップの紙袋
SHOP
SHOP
デパート上に雪山!?
ロープーウエイ!?
な…なんてゴージャス…
ハードなロケが終わった直後
こんな様子の街中にいた
わたくしたち….
スタッフ全員からあふれる
何か欲しい!! オーラ…
買物決定ッ
行こう買い物!!
オー
仕事も全部終わったし行きましょー!!
オー
あ、そうだっ オレ新妻にサイフ買ってやんなきゃいけなかったんだった!!
できればブランドのやつ…
カメラマンさん新婚5日目
そう!!
郷に入れば郷に従え…!!
(少しちがう…)

そして皆でこの店へ…
P●●●A
やっぱ20代の新妻っていったらこのへんじゃね?!
PINK♡
BLACK
キャーカワイイ 惚れ直されるに違いない!! ↑?
オレの妻って正直ピンクが似合うんだけど……
でも黒の方がシックで大人っぽくてこっちの方が良いって言い出すかもしれないなー
うーん うーん うーん
かわいい… かわいいって
……
あたしたち他のとこ見てきまーす…
スタ スタ
集合時間15分遅れ
遅くなっちゃってごめんなさいねえっ
ハァ ハァ ハァ
……
ったく 物欲都市に適応するのって大変ね!!
がさ がさ がさ がさ
1976年…
MONEY!
ギラ ギラ ギラ
37年前 香港を訪れた時 子供心にも この あふれまくる物欲に 圧倒された記憶が…
……
…その後…
ヤマザキさん あそこに面白い店アリマスヨ!!
なんですとっ
モニカ→
中国本土の禁書揃えてる書店ネ
フフフ…
おおお
1908書社
1908年中国首部憲法誕生
それはぜひ行ってみましょう!!
ハハハ…
中国語わからないので買えませんでしたけど…
スゲー本ばっかしじゃないの!!
…どこで何を見ても欲しくなる街 香港…

メチャウマ火鍋。
辛いスープとノーマルなスープが一度に味わえる

肉も独特のにおいをさらして並べられる。
アジアの活力を
感じる光景

37年ぶりの香港！
すっかり垢抜けた街に驚きつつも、
その躍動感を味わいました～

看板スレスレの
高さを走るトラムが
名物です

禁書のコーナーをあさるわたくし。
いやー、
もっと見ていたかった…

所狭しとひしめく看板。

これがTHE香港!!

雑踏の中でパチリ。

時はクリスマスシーズン。
大きなツリーがたくさん

37年前訪れた香港とは
様子も治安も格段に
よくなっていて驚き

なでしこさんからヤマザキマリさんに会った感想&読者のみなさまへ

ヤマザキマリさん世代の女性は、とにかくエネルギーがあると思いました。手を抜かない。仕事も、家事も、子育ても、こなしてしまう。常に前を見て走っている。“先を考えすぎない”のがポイントなのかなと感じました。とにかくまず、動いてみて、対処していく。私たちの世代（そして、その下の世代）は、ノウハウ本がたくさんあふれている時代に生きていて、こうすれば、こうなる…という“人生の攻略法”を必要以上に浴びている気がします。

でも、ヤマザキマリさんとお会いして、「そのときどきに、出会ったものと、出会った人たちと、一生懸命生きていてよい」ということや、先なんてわからないからこそ、今を一生懸命生きていいということに、改めて気づかされました。

「海外に飛び出せばなんとかなる」ではなく、その時々で出会ったひとつひとつのご縁を大事にしていくことが楽しい人生への一歩になると思っています。私の場合、それがたまたま「香港」であって、もしかすると人によっては、日本国内や、他の国かもしれません。香港生活3年が経ち、ようやくここでの基盤ができ、スタート地点に立っているような気持ちです。

なでしこ file.4

《レストラン「ユニカセ」経営》

中村八千代さん

人生再起のレストラン

フィリピン

フィリピン共和国ってどんなとこ?

首都はマニラ。気温は21度から32度で、1月が一番低く、5月が最も高く、大まかに乾期と雨期に分かれた熱帯モンスーン気候。日本との時差はマイナス1時間。民族はマレー系が主体で、中国系、スペイン系及びこれらとの混血、さらに少数民族など。国民の80%以上がカトリックで、その他のキリスト教が10%、イスラム教は5%ほど。公用語はフィリピン語だが、広く共通語として英語も使われていて、アメリカ・イギリスに次いで世界で3番目に英語を話す人口が多い。21日間以内の滞在ならビザは不要。成田からマニラへの直行便が運行されており、所要時間は約5時間。通貨はフィリピンペソで、1php=2・3093円(2013年3月現在)。

Q5

マニラで一番おいしいと思う料理は?

もちろん、弊社の「ユニカセ」料理ですぅ(^^)。

真面目に、収穫したての野菜や果物、ツナは本当に美味しいです。それから暑いので、やはり酸っぱい料理ですね。キニラオ(酢で〆たもの)やシネガンスープなどです。

なでしこ file.4

中村《なかむら》八《や》千《ち》代《よ》

(44歳)

お住まい　フィリピン マニラ
お仕事　レストラン「ユニカセ」経営

1969年東京生まれ。父はスーパーマーケット、母は酒屋を経営。20歳のとき、母が病死。学生のまま、酒店の社長に就任。大学卒業後、カナダに2年半留学。

マーケティングを学び、恵まれない子どもたちへの“寄付文化”に出合う。26歳で、本格的に酒店の経営を行い、当時年商3億円に売り上げを伸ばしたが、一方、半年後、父の会社が倒産。酒店の経営に加え、父の借金の連帯保証人になっていたため、4億の借金を負うことになる。30歳まで、残った従業員と共に経営と借金返済に奔走する。

30歳のとき児童福祉施設でボランティアをスタート。2002年から約3年間、フランスの緊急医療団体に勤務。06年に返済終了し、「国境なき子どもたち(KnK)」現地派遣スタッフとしてフィリピンへ。10年フィリピンにて、スラム街に生きる青少年たちを雇用し、自然食のレストラン「ユニカセ」オープン。家賃値上げのため一時閉店するも、13年4月に移転して新装開店。スタッフたちに「マム」と呼ばれ、母のように慕われている。

教えて！フィリピン・マニラでの暮らしぶり

Q1

マニラでの1ヵ月の基本生活費を教えてください。

※通貨　1Php（フィリピンペソ）=2.3093円
◎家賃　18,000Php=約42,000円
◎光熱費　2,500Php=約5,800円
◎ランチ代（1日平均）
100～300Php=約230～700円
◎交通費　一般的に車を持っている方も多いです。外国人はほとんど運転手つきで、自分では運転しないことも多いです。通いの人たちは、バスやジプニー、MRTなど（電車）を乗り継いで、おそらく往復で50～100Php（約120～240円）程ではないかと思います。

Q2

今後、マニラで日本女性が転職活動を行いたい場合、どういうルートがもっともメジャーですか？

NGOでしたら日本に事務所を持っているNGOに問い合わせをして、派遣してもらう。

ビジネスでしたら、『primer』のようなフリーマガジンを発行している会社に問い合わせるケースが多いようです。

あと、ここ最近では、私たちもとてもお世話になっているiCube（アイキューブ）さんに相談されると、親切に起業の仕方や企業の設立の仕方をサポートしてくださいます。

Q3

マニラに来て、一番驚いたこと。

あえて挙げるとしたら、バスやジプニーに乗客が乗り降りする際、「徐行」ということでしょうか…。本来でしたら、「停止」ですよね。

真面目なところでは、やはり貧富の格差です。

高層ビルの30分先にスラム街が存在していたり、1時間ほど行くと、ごみ山で暮らす人々がいたり…。同じ国とは思えないほど激しい差で、「人権」について考えさせられることが多いです。

それから、フィリピンで働き始めて間もなく、選挙があり、その時、選挙関連で「111人が殺害された！」という記事で驚き、「そんなに選挙関連で殺害されたの？」と聞き返したら、「今年は少なかったなぁ～、普段は400人くらい殺されるんだよ」と平然と言われたことでした…。信じられない！フィリピンはびっくりの宝庫です。

Q4

最近日本へ帰国した際、驚いたことはありますか？

とても空気が重たかったです。

朝、とある駅で旧友に再会し、嬉しくてはしゃいでいたら、気づいたら、私だけがものすごい大きな声で話したり、笑ったりしていました。知らないうちに私がフィリピン化したのか、日本が重く（おとなしく）なってしまったのか…。考えるとどちらも怖いです。

それから、最近というより毎回、感動する驚きは、空港でまず、「トイレ、きれい！」です。次に、タクシーで「ぼったくらないんだぁ～」です（苦笑）。これはホントに誇れます！

それに時間厳守！　また、計画したら計画通りほぼ仕事が進むことは驚くべき嬉しい文化ですよね。日本ってすごい！って思います。

次なる目的地はフィリピンのマニラ
MANILA
早速目的地へ向かう為ドバイから飛行機に乗り込もうとした我々でしたが…
このフライトは満席です乗れません
えーっ何ィイイ!?
予約してあるのにッ
…?!!
すったもんだのあげく出発5分前に何とか全員飛行機に乗り込むも…
わたくしのカバンは…?!
マニラ到着後ロストバゲージ…
…
…
しかもフィリピンの人達のエネルギッシュさに圧倒され…
ドド
ドドドド
荷物荷物荷物
荷物
うお
……
この人達の中に混ざって暮らしていくのは大変そうだな…
ワー
ワー
ワー
ワー
今回はそんなフィリピンの人達の為に頑張る女性を訪ねます
おお…でもこの熱帯の空気最高…♡
ハアー…
MANILA

ひとまずフィリピンの
首都でもあるマニラの
街中に出た私達
経済的に豊かな
地域を通過して向かった先は…
む…
何となく
街並の様子が
変わってきた…
マニラ市近郊の
スラム街にて下車…
ああ…
あんなに
小さいのに
ゴミの荷物を運んで
いる…
しかしそんな悲惨な
生活環境とは
うらはらに
キャハハハ
アハハハ
シャイで元気で
満面の笑みの
子どもたち
こんな
子ども達の
顔見ていると
…
この子達を
守ってあげたい
気持ちになる…
売りものである
お昼ごはんをつくる少女
そんな子どもたちの
未来の為に生きる
日本人女性
ピンポーン
中村さんを訪問した私…
はーい

フィリピンへ ようこそ!!
聖母オーラ
ス…スミマセンッ お邪魔しますッ
こちら自宅兼事務所になっています!!
これがうちのスタッフです!!
Hello!!
Hello!!
中村さんは貧しい若者たちの自立を支援する活動をしている
具体的には「ユニカセ」（オンリーワン）というレストランを立ち上げ
そこで貧困層出身の若者達に働いてもらおうというプロジェクト
uniquease
以前はNGOにいたのですが
支援されることに慣れてしまっている現状を変えたくて…
すごいですねぇ
しかし実際立ち上げてみると困難続きで
裏切り
スタッフ失踪
とんずら
その他諸々
ああ もうイヤ…
中村さん
最初に作った店は閉鎖…

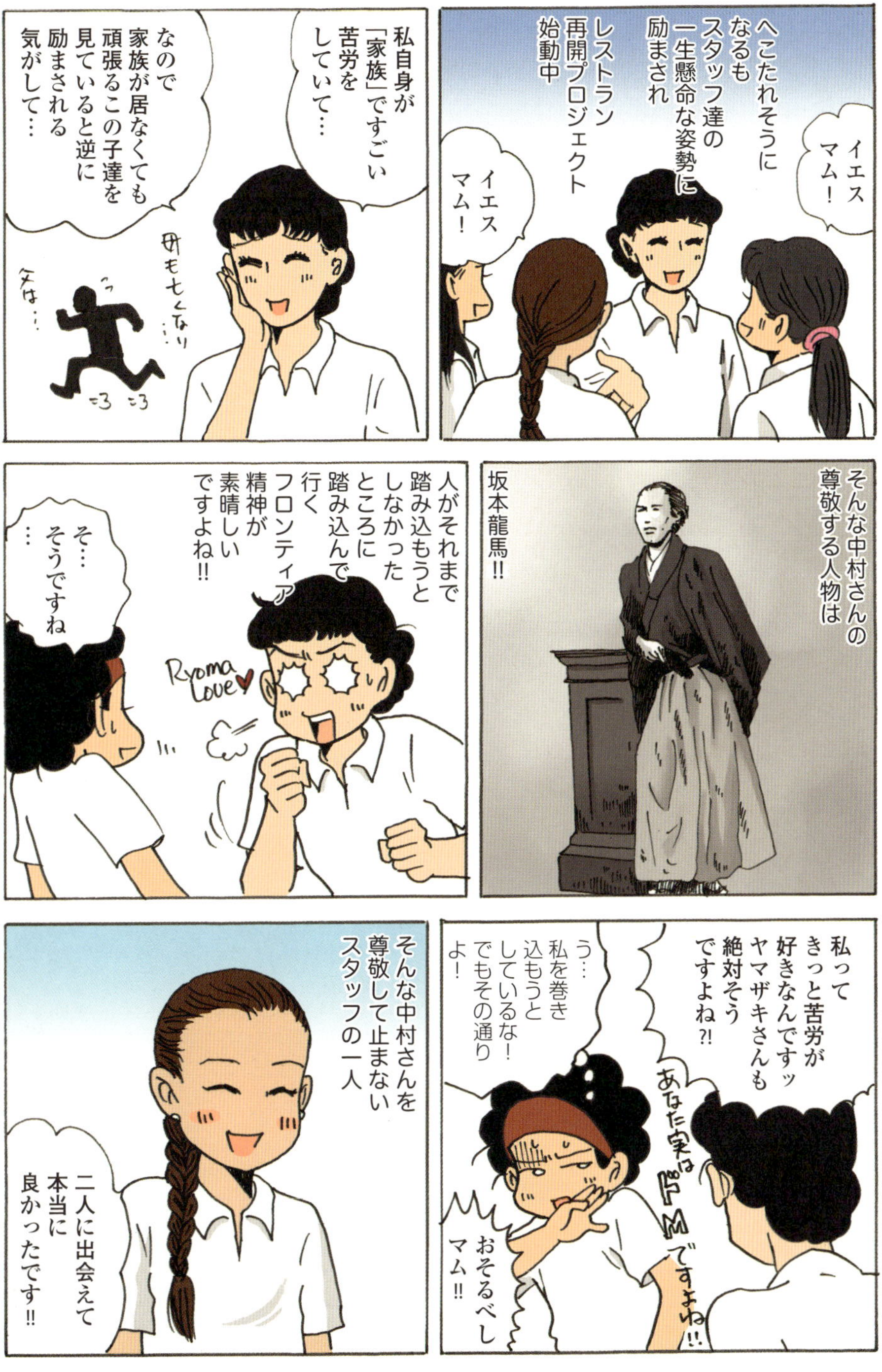
へこたれそうになるもスタッフ達の一生懸命な姿勢に励まされレストラン再開プロジェクト始動中
イエスマム！

イエスマム！

私自身が「家族」ですごい苦労をしていて…

なので家族が居なくても頑張るこの子達を見ていると逆に励まされる気がして…

母も亡くなり…

父は…

そんな中村さんの尊敬する人物は
坂本龍馬!!

人がそれまで踏み込もうとしなかったところに踏み込んで行くフロンティア精神が素晴しいですよね!!

Ryoma Love
そ…そうですね…

私ってきっと苦労が好きなんですッヤマザキさんも絶対そうですよね?!

あなた実はドMですよね!!

う…私を巻き込もうとしているな！でもその通りよ！

おそるべしマム!!

そんな中村さんを尊敬して止まないスタッフの一人
二人に出会えて本当に良かったです!!

最初パン屋で働いているグレースを見て一目惚れしたという中村さん
Thank you
何ていう前向きなアンビシャスオーラ…
当時彼女が入っていた施設に交渉し
ぜひグレースにうちで働いてもらえませんか
わかりました
ユニカセプロジェクトに参加してもらうことに…
グレースはもともと地方の街で8人の兄弟と共に暮らしていましたが
父親の虐待を受け妹を連れて12歳で家出
マニラのバスターミナルにたどり着いた時はしばらくそこで寝泊まりしていたそうです
そのバスターミナルで屋台をやっている人々やバスの運転手達と仲良くなり
ホラグレースコーヒーでも飲みなさい！
ありがと
彼らに支えられて何とか生き延びたグレース
その後煙草が止められなかった事を理由に施設に入り
そこの仲間達と一緒に成長した
テコンドーを学んだグレース

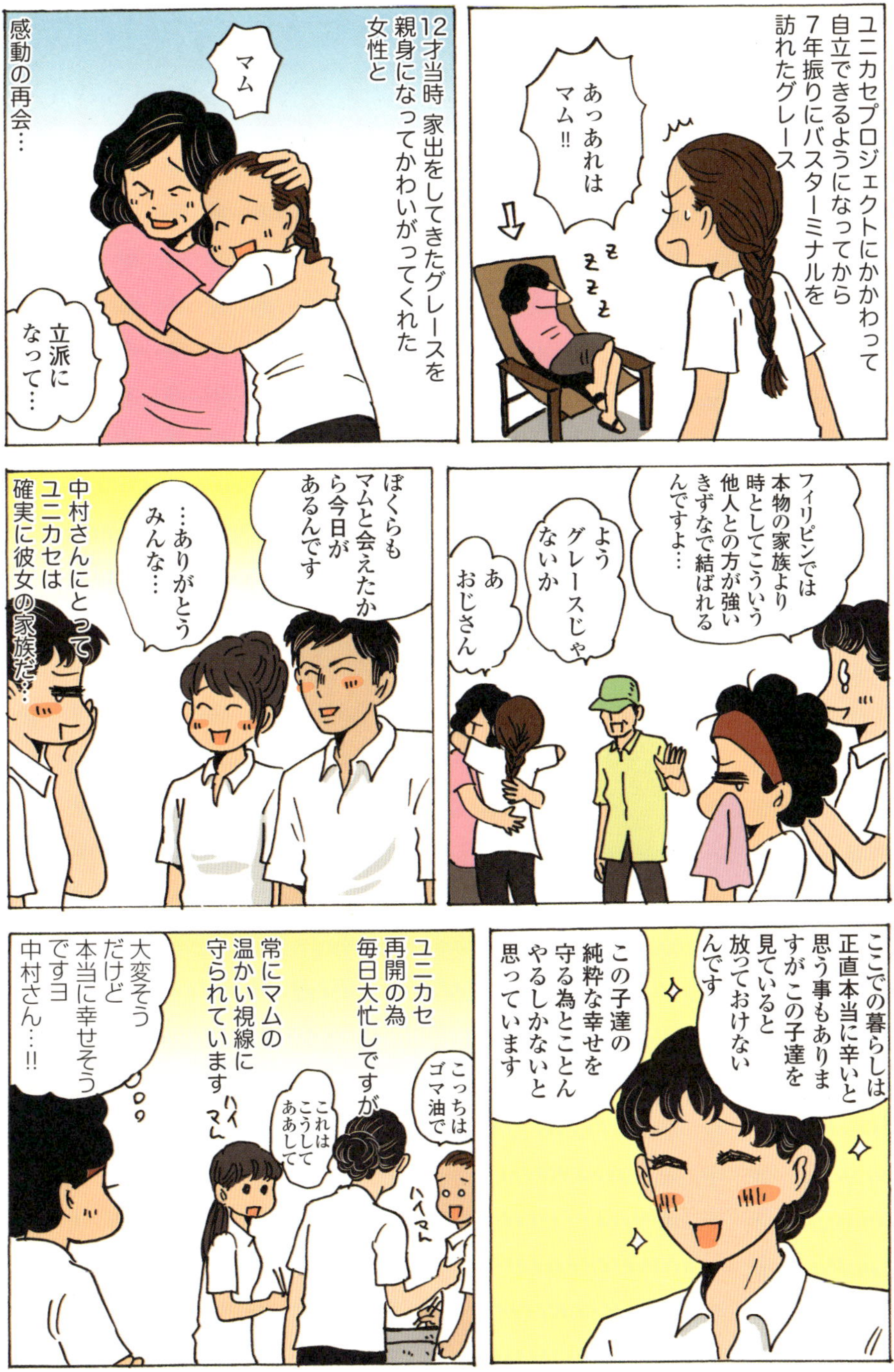
ユニカセプロジェクトにかかわって自立できるようになってから7年振りにバスターミナルを訪れたグレース
あっあれはマム!!
ZZZ
12才当時 家出をしてきたグレースを親身になってかわいがってくれた女性と
マム
立派になって…
感動の再会…
フィリピンでは本物の家族より時としてこういう他人との方が強いきずなで結ばれるんですよ…
ようグレースじゃないか
あおじさん
ぼくらもマムと会えたから今日があるんです
…ありがとうみんな…
中村さんにとってユニカセは確実に彼女の家族だ…
ここでの暮らしは正直本当に辛いと思う事もありますがこの子達を見ていると放っておけないんです
この子達の純粋な幸せを守る為とことんやるしかないと思っています
ユニカセ再開の為毎日大忙しですが常にマムの温かい視線に守られています
こっちはゴマ油で
これはこうしてああして
ハイマム
ハイマム
大変そうだけど本当に幸せそうですヨ中村さん…!!

高層ビルの少し裏に入ると、スラム街が広がるマニラ中心部

スカベンジャー・スラム
（ゴミを拾って生計を立てている人たちのスラム）へ

社会が受け入れてくれないなら自分達で稼ぐ場所を作るしかない。

フィリピンの首都、マニラ。今、マニラは外国からの投資が集まり、ビルの建設ラッシュに沸いています。林立する高層ビル。その近代化した風景とは対象的に、周囲には古びたトタン屋根が密集しています。貧困層が暮らす、スラム街です。

大都会で出された大量のゴミ。スラム街で暮らす人々は、ゴミ山からお金になるものを拾い集めて、生計を立てています。5歳くらいの少年がリサイクル業者に両手いっぱいの袋を持ってきました。この日の収入は120円。親子が丸一日かかって稼いだお金です。大変な生活ですが、子ども達の瞳はキラキラと輝き、バイタリティーに溢れています。

現在44歳の中村八千代さんは、3年前、フィリピンに渡りました。貧しい若者を雇用し、ビジネスを通じて彼らの自立を手助けしたいと、自然食レストラン「ユニカセ」を立ち上げたのです。ユニカセとは、「オンリーワン」という意味。選りすぐりの有機野菜を使い、健康志向のビジネスパーソンに人気のヘルシーなメニューが並んだユニカセは、外国人にも大好評でした。しかし、昨年の10月、閉店してしまいました。

スラム街で育つ若者たちの「人生再起のレストラン」にしたいと、必死に店を切り盛りしてきた中村さんですが、スタッフの妊娠、失踪、盗難…、予想外の出来事やトラブルが相次ぎ、経営が立ち行かなくなってしまったのです。総額1000万円の損失でした。

スラムの子たちははにかみながらも好奇心いっぱいで寄ってくる

聖母オーラの中村さん。今回の主人公です

中村さんの自宅で開かれるミーティング。スタッフは元気いっぱい

昨年閉店してしまった店舗にたたずむ中村さん

「貯金もほとんど切り崩して、すっからかんです。残っているのは青少年だけ、みたいな（笑）」

それでも中村さんは諦めませんでした。残った数名のスタッフと一緒に「ユニカセ」を復活させようと準備を始めたのです。中村さんの暮らすマンションを事務所にして、スタッフも泊まり込みで同じベッドで雑魚寝をしながら、ミーティングを重ねています。そして休業中も、スタッフ全員にひとりにつき月1万5000円の給料を支払い続けています。

中村さんがここまで若者の支援にこだわるのは、自分自身にも苛酷な経験があったからでした。

食品会社を経営する両親のもとに生まれ、何不自由なく育った中村さんでしたが、20代のとき人生が大きく変わりました。母親を病気で失い、会社が倒産。父親が姿を消してしまったのです。連帯保証人だった中村さんに、4億円もの借金が課せられました。

「借金を背負ったとき、一切自分自身を殺しましたね。そうじゃなかったらこんな多額の借金を返せなかったと思います」

20代の若者らしい楽しみは全て諦めて、昼夜問わず必死に働き、親の不動産を売却して、借金の返済が終わったのは36歳のときでした。

親への複雑な感情を抱えた中村さんの思いは、社会や親から見放された子ども達へと向かいました。そして、NGOの支援活動で出会ったフィリピンの貧しい子ども達と自分の境遇がオーバーラップしたのです。

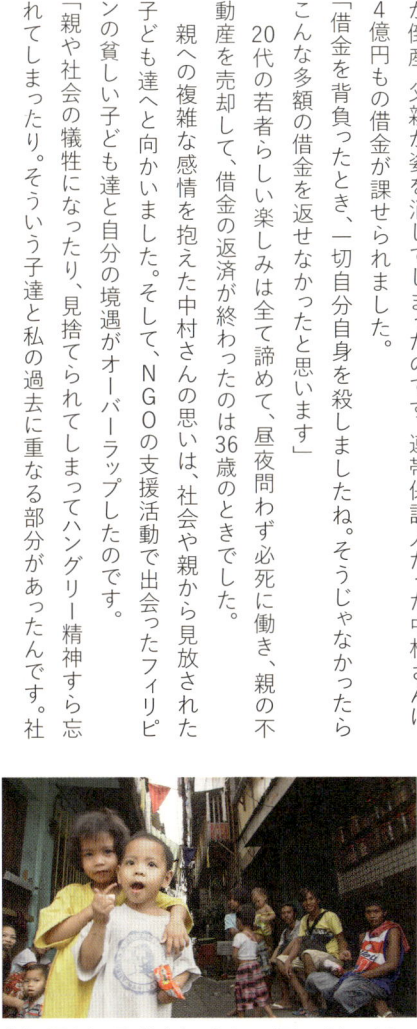

「親や社会の犠牲になったり、見捨てられてしまってハングリー精神すら忘れてしまったり。そういう子達と私の過去に重なる部分があったんです。社

未来が見えない子どもたちのために、何かできないか？考え続けたという

「社会に見放された子どもたちと、自分の姿が重なって見えた」と中村さん

新しい店舗候補を足を棒にして探す毎日。
運命の物件はあるのでしょうか？

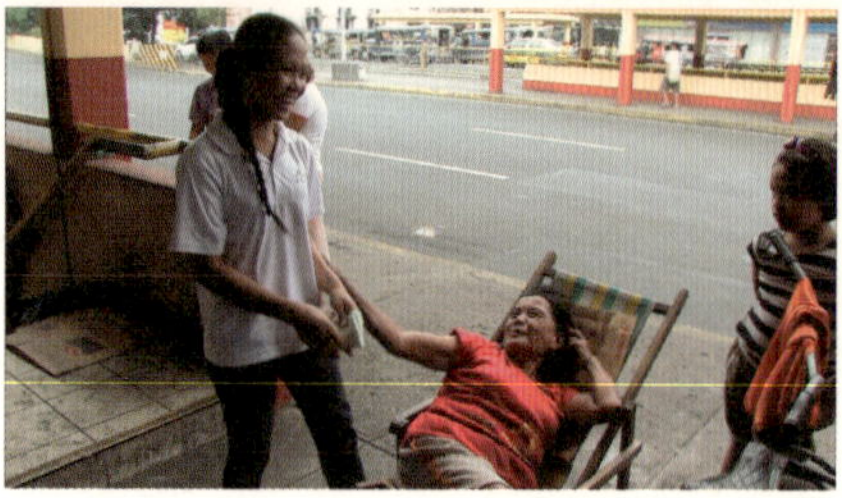

スタッフの一人、グレースさん。
夜逃げしたときに助けてくれたおばさんと偶然の再会

会が受け入れてくれないんだったら、自分達で稼ぐ場所を作っていくしかないですから」

「誰かのために仕事をしたい」その思いが生きる意味になる。

中村さんが自分の右腕として信頼している女性スタッフがいます。20歳のグレースさんです。彼女も路上生活から這い上がってきたひとりです。地方の貧しい家庭で育ったグレースさんは、12歳のとき、父親の虐待から逃れるために家を飛び出しました。バスターミナルで寝泊まりし、優しい屋台のおばさんから食事を分けてもらって、命を繋いだといいます。

中村さんはグレースさんと一緒に、彼女が7年前に野宿していたバスターミナルを訪ねました。当時お世話になった屋台のおばさんがいないか探し始めると…、いました！　命の恩人のおばさんと久々の再会です。

「いつか自分のレストランを持つことが目標なの。私が結婚したら、私がおばさんの面倒を見るからね」

グレースさんは自分の夢と感謝の気持ちを伝え、おばさんの肩をぎゅっと抱きしめました。

一刻も早く次の店舗を探して、スタッフ達の働く場所を作りたい。中村さんはこれまで60軒以上もの物件を下見して、探し回ってきました。この日も、立地条件のよい物件があると聞き、見学にやってきました。家賃は月18万円と予算内なのですが、天井に大きな穴が！　修理するには200万

仲間と打ち解けようとしないノリエル君。
彼に何があったのでしょうか

やっと見つけた！と思ったら、天井に大きな穴が…

心を閉ざすノリエル君に、中村さんが話しかけます

ユニカセ新オープンのために、
新作メニュー作りに余念のないスタッフたち

円かかるといいます。

「はぁ〜、もうここに決まるかと思ったんですけどね。穴が大きすぎるし、コンディションがひどすぎる」

物件探しに難航し、店の再開の見通しは立たないものの、中村さんは新しいスタッフを迎え入れることにしました。21歳のノリエル君です。人権保護団体から紹介されて2週間前に仲間になりました。ところがノリエル君、同僚と打ち解けようとしません。料理初心者のノリエル君のために勉強会を開きましたが、ボーッとしていて、よく理解していない様子です。何を問いかけても反応が薄く、ほとんど発言もしません。なかなか自分の思いを口にしないノリエル君に、中村さんはどう接したらいいのか戸惑っていました。

ノリエル君がユニカセに入って1カ月が経ちました。しかし、いまだに仲間と積極的に話そうとはしません。中村さんはその理由を聞き出すことにしました。真剣に向き合って話を聞くうちに、ノリエル君が心を開かない深刻な理由がわかってきました。スラム街出身ながら、職を得ようと学校に通っていたノリエル君ですが、学費の援助をしていた親族が突然それを打ち切ったというのです。ノリエル君は退学を迫られ、行き場を失ってしまいました。

「今もそのショックと闘っているんだ。誰かに頼って裏切られるとか、もう二度と体験したくない。ずっと一緒にいた親類から裏切られたんだから、最近会ったばかりの人なんて、もっと信じられないよ」

涙をポロポロこぼしながら、胸の内を吐き出し、人を信用することを恐

「私は自分の信念を責任のある人間になることだと決めた」
初めて口にした、中村さんの覚悟です

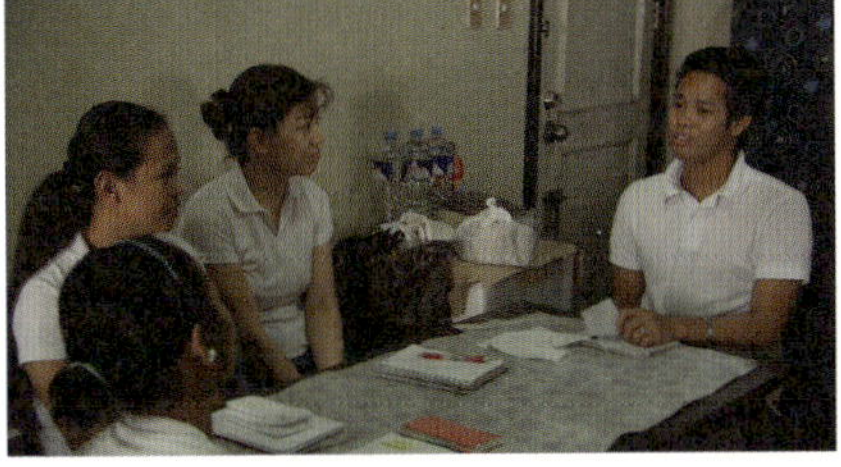

過去のトラウマを語るノリエル君。
みんなも問題を共有します

久しぶりに仕事の依頼が来ました！　さあ、準備開始です

みながもらい泣きをする場面も。スタッフの心はひとつです

れていると打ち明けたノリエル君。ノリエル君だけでなく、ここにいるみんなが様々な問題を抱えているのです。中村さんも涙ぐみ、ユニカセを諦められない本当の理由を語り始めました。

「私はもうここにいなくてもいいのかなと思うこともある。人生は楽じゃないし、孤独との闘いだし。でも私は自分の信念を『責任のある人間でいること』と決めたから、みんなのお手本にならなきゃいけない。全ての人にじゃなくてもいい。ひとりでもいいから、私のように『誰かのために仕事をしたい』と思ってくれたら、それが私の生きる意味や生まれた理由で、いろんな困難と向かい合える理由になるの」

初めて声に出して語った、中村さんの覚悟でした。

どん底の経験をもとに、誰でも再起するチャンスがあると伝えたい。

この日中村さんのもとに、日系企業が経営する新しいビルのオープニングパーティーで料理を出してほしいというオーダーが舞い込みました。久々の仕事の依頼に、みんなの闘志が燃え上がります。

オープニングパーティー当日。朝のミーティングで、中村さんはスタッフに語りかけました。

「今日はユニカセのデビューです。助けが必要なときは叫んで。みんなで助け合ってね。用意はいい？」

「イエス、マム！」

スタッフたちは元気よく答え、いよいよ料理開始です。招待客はオフィス

新鮮な野菜を使ったお料理はどれも大好評

4 人のスタッフで 30 人分の調理をします。
6 時間後にでき上がりました

久しぶりの接客に緊張するも、ノリエル君も笑顔で対応します

フィリピンには油料理が多いので、こういった野菜料理は貴重だとか

街で働くビジネスパーソン。夕方までに4人のスタッフで30名分の料理を用意します。調理開始から6時間後、なんとか完成。閉店してから4カ月ぶりに、ユニカセの料理が並びました。

1週間に渡り、メニューの試作と改良を繰り返して、この日を迎えたスタッフ達。招待客に自慢の料理を積極的にサーブします。ノリエル君も自分で作ったサラダを勧めて、嬉しそうです。接客が大好きなグレースさんも張り切っています。みんな、ずっとこの時を待っていました。

「おいしい、すごくいい。健康的だし」

「最高においしいですね。久々に野菜を食べました」

招待客も大満足で、中村さんもホッと一安心。ユニカセは、復活への大きな第一歩を踏み出しました。

そして後日、念願の新しい店舗の契約も完了しました。中村さんは新装開店を機に、大学と提携して、スタッフには週の半分を店で働き、残りの時間で大学に通うシステムを取り入れようとしています。学ぶことで自らが向上する喜びを感じれば、仕事へのモチベーションも上がると考えたからです。

どん底から這い上がってきた経験をもとに、誰にでも再起するチャンスがあると伝えたい——。ビジネスの現実と青少年との人間関係に苦戦しながらも、自立を支える〝希望のレストラン〟の成功を夢見て、中村さんは今日も走り続けます。

今まで多くの涙を流してきた中村さん。
次回こそ、感涙の番ですね！

新店舗のメドがようやくたちました。開店準備が始まります

フィリピンの旅
スペイン統治300年!!
フィリピンもキューバと同じく旧スペイン植民地
どちらも1898年の米西戦争でアメリカがこの両国を事実上の支配下に置くことになったのでありまして….
男性の正装がスペイン植民地色
言葉の中にもスペイン語が混じっていたり…
キューバへはかつてボランティアに行っていた
何だかなつかしのキューバと雰囲気がそっくりだな…
ロストバゲージだけどもういいやどうでも
ハ〜
HOT
熱帯でエネルギーチャージされる人
現地コーディネーターの穴田さん
今晩のごはんはオリジナルフィリピン料理にいたしました〜!!
なでしこベテランオーラ
在フィリピン30年
ホウレンソウと豚肉
パエリヤのようなごはん
バナナの花
バナナの花を使った一品
すっごい美味!!
レストランに響く叫び….
何じゃこりゃあ!!
キャー
ヒー
フィリピンの淡水魚
ガーン!!

カシャ
フヒヒヒ…
よーし写真に撮ってツイッターにUPしまっと!!
これからこれを食べまーすっと…
なんだか良くわからない切り開かれかたをしている…
…そして反応
○○◎… わ〜 これからエイリアンを召し上るのですね?!
とり・みき ぼくはこれと同じ魚を食べてお腹をこわしました どうぞお気をつけ
世界のどこにいても日本がそばに感じられるツイッター…
RT:
おなかは全くこわしませんでした☆
見た目よりウマいじゃありませんか……
もしゃ もしゃ もしゃ
活気あふれるスラム街
子供を…放ったらかしにしている国の子供は皆かわいい!!
キャー
追いかけっこなどシンプルなあそび
私はこじゃれた都会よりこういう場所に居心地の良さを感じるのでした…
はっ
李さん一家!?
李さん一家とはつげ義春さんの作品のひとつです
こういうの…
ヤマザキさんロストバゲージ届きました!! すぐに空港に発ちましょう
…荷物の事すっかり忘れとった……
…
無くても何とかなるものである…
フィリピンを発つ日にカバン到着

南国情緒を盛り上げるヤシの木！

熱いっていいわ〜！

これがごっつい淡水魚料理！

さ、叫んでるよね？

南国の風吹くフィリピン
まさかのロストバゲージにも
へこたれず！

中村さんのベッドに、
スタッフ 4 人で寝る日もあるという

せっせと働くマニラの子どもたち。

かいがいしい姿に涙

ロケ中、お料理の試作品をご馳走に。

野菜が
新鮮でおいしい！

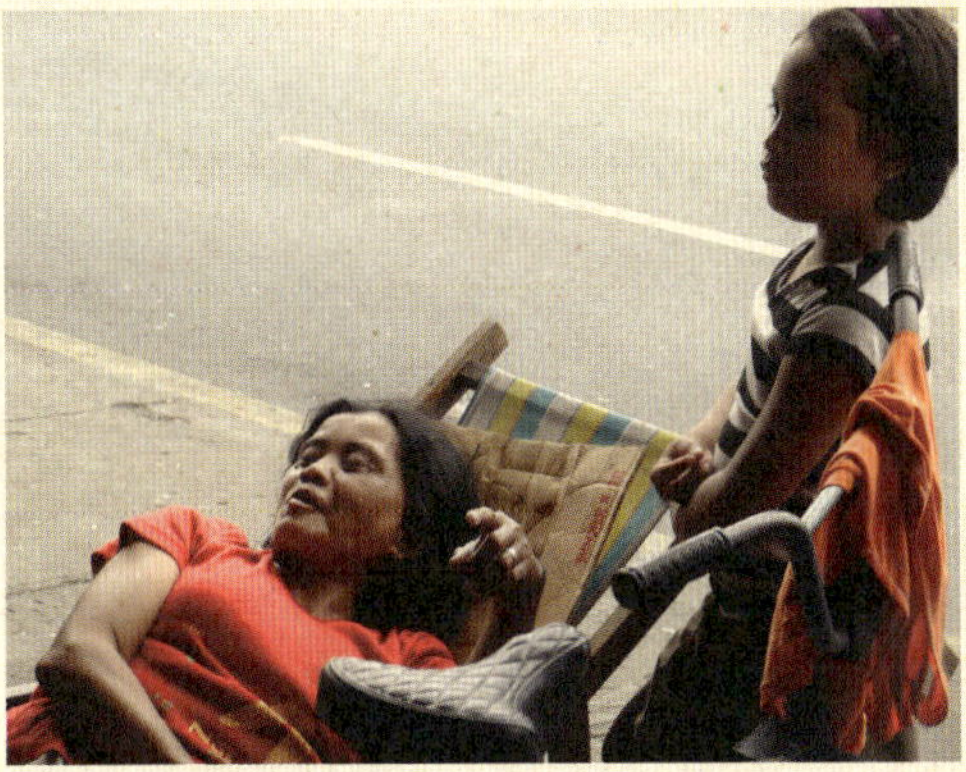

たまたま再会できたグレースの恩人のおばさん。

擬似家族が
成立する都市、マニラ

この日はマネージャーの誕生日。
サプライズケーキでお祝いしました

トルティージャを試食。

ビールに合う！

なでしこさんからヤマザキマリさんに会った
感想&読者のみなさまへ

一目で惚れました！　マリ先生、とっても気さくな方で、お話がお上手で、楽しくて、時間を忘れて話してしまいました。できればもっともっとお話ししたかったです。

また、放送をご覧いただいたみなさま、ユニカセの今のありのままの姿をご覧いただき、放送後、早速、感想やご声援をメールしてくださり、心から感謝申し上げます。

まだまだ微力ではございますが、諦めず、青少年たちと一歩一歩成長していきたいと思っております。今後ともどうぞユニカセを見守っていただけますようお願いいたします。

また、より多くの方々にお目にかかれることをスタッフ一同、心からお待ちしております。

番外編

元祖「なでしこ」

ヤマザキマリ編

わたくしが日本の外へ出た理由……
そうね…理由があるとしたらこんなところかしら…
母の影響
日本にずっと居るんじゃない!!
えっ!!
小3ごろ
ヒュオ
世界は広い!!
さっさと出てくんだ!!
ヤッ
まして絵を学びたいのなら

…留学を戦争で断念した母リョウコの口グセがこれでした
何なのこの親は…
ヤマザキリョウコ(80)
職業：音楽家
そして彼女の父親…
祖父の影響
Hello Mari How are you today?
彼は1915年から11年間アメリカで暮らしていました
トクシロウ（故人）
出身：横浜
育ち：横浜
渡米11年
アメリカから持ってきた蓄音機
度々祖父のアメリカ時代のアルバムを見せられていました…
ナターシャは元気かのう…
アンナは生きてるかのう…

兼高かおるさん
あこがれ〜〜
今回の旅は香港でございましたの
最近 兼高さんの御著書に解説を描かせて頂きました
世界名作劇場
マルコーー
う う うう…
児童文学
聖フランシスコ会の修道師
マリちゃん マヤちゃん いらっしゃい!!
ドイツ人修道師
仕事へ行く母
一緒にお留守番してましょう
ドイツ人修道師達と見たスペイン映画「汚れなき悪戯」
…
……
マルセリ〜ノ
マルセ〜リ〜ノ

空と飛行機
ゴオオ
どこへ行く飛行機だろう…
渡り鳥
シベリアへ渡る白鳥
…というわけで私が海外へ出たのはごらんの理由からもおわかりの通り
ほぼ必然でした
なんとなーくそういう環境に育ってしまったワケです
おかげで広い世界を点々とする暮らしが今も続いていますが…
たまに帰ってくる「遠い国」日本で感じる安息は唯一無二のものとも言えましょう
日本人でよかったよかった…

海外で漫画を描くということは
昨年末 イタリアの夫の実家で起きた出来事…
ぎゃっ
トレース台が爆発しました
10年程使っていた日本製のトレース台だったのですがとうとうダメになってしまったのです
同じものはイタリアにもなかなかありません…
ヤバイ…
〆切り間にあわない
しかしこの家にはエンジニアをやっている舅《しゅうと》がいるので相談してみたところ…
直せるヨ!!

舅はさっそく
このバクハツした
トレース台の
リペア作業に
とりかかりました
カンタン
カンタン!!
さ
さ
さ
さ
ハイ
できました!
GRAZIE…
持つべきものは
エンジニアの舅
……
海外に
いたってこんな風に
何とかなるもんだよね
ほっ…
かき
かき
かき
じり
じり
…ん…?
…何か
焦げ臭い?

あぢいいいいいッ
ブス
ブスブス
ブス
トレース台はその内側から
モーレツな熱を発生し
自らその形を歪ませ
二度と使えない
品物と化したのでした…
ぐにゃり
中の構造
60W電球2ケ
日本へ仕事で
出張に来なきゃいけない時も
この機材問題はシビアです
ヤマザキ
さま
お荷物です
あ
すみません
プリンタ
スキャナー
トレース台
この山の様な
めんどうくさい
電気製品を
引っ張り出すのも
実はひと苦労
〆切
〆切
ハァ
ハァ

描いた原稿は
片っ端から
これらの機材を通じて
データ化されて入稿…
そして
この作業が
終わると
飛行機
飛行機!!
再び
梱包作業…
こうして
シカゴの家へ
戻ると私は
ほぼ
死んでいます…
ハードだ…
それでも私にとって
世界の移動は大事な
ガソリン…
…へとへとの
ぼろぼろになっても
世界のどこかで漫画は
描き続けていくでしょう…
まだまだ
描くざんす
よ!!

朝っぱらからおじさんが集うカフェでネーム中

トルコの横溝さんは、天然キャラで周囲を何度も爆笑させてくれました

ヤマザキマリ　なでしこたちに出会う旅を振り返って

海外に憧れる素地に溢れた日本という国。

日本は島国で、外国のことを「海外」って言い方をしますよね。日本人にとっての外国は、簡単に陸続きで行ける場所じゃなくて、大きな決断力を持たないと渡っていけない「海の向こう側」という意識が、いまだにあるんだと思います。その所為《ゆえん》なのか、他の国に比べて、日本のメディアでは海外の紹介をすることがやたらと多いんです。日本人は、子どもの頃から海外の旅番組を見て、海外の児童文学を読んで育っているので、外の世界を見てみたいという衝動を持つ人が、他の国の人よりも遥かに多いんじゃないですかね。

あとやっぱり、陸続きの国の方が、「他の人と違うこと」を普通に認めてくれるような気がします。陸続きだと、いろんな国の、いろんな血筋の、いろんな人たちが混然一体と入ってくるので、それを認める土壌が昔からでき上がっているわけです。でも日本は島国だから、「外から入ってきたものは珍しいもの」という対象で見てしまう部分があると思う。私はそこに窮屈さを感じて、「他の人と違うことを考えていても、当たり前だと思ってもらえる場所に行きたい」という意識を持ったので、17歳のときにイタリアへ渡りました。他にも同じような気持ちで海外に飛び出した日本人は、山のようにいると思います。

街の屋台で、蒸し暑い中描いてます

元気いっぱいな浦田さん。音楽への情熱に感動しました

なでしこは強い決断力を持った人。

だけど、出かけた土地に適応して、そこで暮らす人の力になろうとまでしている人となると、かなり限られてきますよね。今回の旅を決めたのは、そうやって頑張っている女性たちに、会ってみたいな、会えば自分のエネルギーになるだろうなって感じたから。だって、日本人の持つ「曖昧さ」って、海外では通用しないんですよ。海外で本当にうまくやっていくには、「強い決断力」が絶対に必要なんです。それを持っている女性たちってどういう人なんだろう？　彼女たちの経験を見させてもらえば勉強になるんじゃないかなと、興味が湧いたんです。あとやっぱり「人間に感動したい」という気持ちも大きかったですね。

これまで生きてきて思うんですけど、人間の生き方って簡単じゃないですよね。動物だったら本能にそのまま従うだけで、ストイックで美しい生き方になるのに、人間はいろいろと余計なものを持っているおかげで、生き方がすごく難しい。美しさを演出しようとしたら、本当の美しさは出ないし。でも世界に出ると、日本人に限らず、「美しい生き方」をしている人に出会うことがあるんです。そういう人と出会いたくて、私もよくひとり旅に出かけるんですけど、多分この本に登場した4人の女性たちも、私と同じように人間との感動を求めて、人間ってもっと面白いし、もっと奥が深いし、もっと美しいものなんだと思って、海外に飛び出していったんじゃないかな、という気がします。

いろんなおいしそうなにおいのする屋台でネーム中

大堀さんの会社のみなさんと。みんな若くてスタイリッシュ！

時間は自分でつくるもの 2週間で4つの国と地域を周遊。

舞台がアジアというのも、今回の旅の魅力のひとつでした。自分がアジア人だからか、実は今までアジアの文化にあまり興味がなくて、いきなり欧米に関心を持ってしまったんです。でも45歳になって、人生が半分終わってしまった感覚があったので、行く機会がなかったところに行ってみたいという思いが強くなっていたんです。

アジアには、今の日本にはなくなりつつある価値観や生き方が、まだ残っているところが多いように感じます。日本の速度は速すぎですよね。こんなに猛スピードで、メディアがいろんなブームをとっかえひっかえ新陳代謝していく国は他にないですよ。日本に来るたびに馴染みの店が消えているし、みんな時間に煽られまくっていて、切ない気分になります。

私自身も『テルマエ・ロマエ』のヒット以降、仕事が忙しくなって、休みたいと思うことも一瞬ありましたけど、「休んでる場合じゃないや」っていう気持ちの方が勝ちました。時間は自分でつくるものなんです。というのも、忙しすぎて料理をさぼっていたら夫にキレられたんですね。その話をシチリア島の女の子にしたら、「でもね、愛する家族のためだったら、料理したくならない？」って彼女が聞くんです。「いや、したいけど時間がない」と答えたら、「女には出産もすれば、育児もして、仕事もできる時間を神様がくれたのよ」って。彼女の話を聞いて、時間はあるものだと思って動かないと、言い訳ばかりで何もできなくなっちゃって、どんどん自分を狭いスペースに追い込んでしまうなって気づかされました。時間なんか自分がつくっているん

フィリピンはホテルのカフェにて没頭中

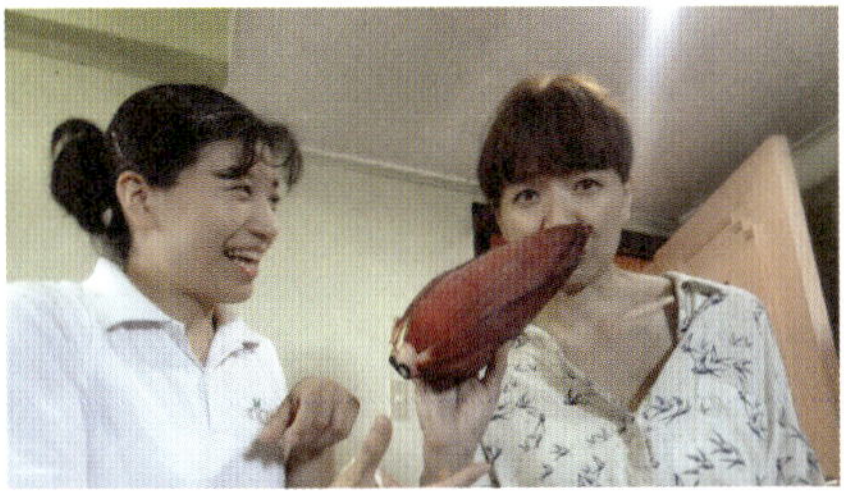

中村さんは全てを包み込むオーラの持ち主でした

だって思えば、行動範囲も広がるし、衝動に突き動かされるがまま無心に動いていると、意外といろんなことができるものなんですよ。今回も2週間で4つの国と地域を取材できたわけですし。

例えば今回訪ねたカッパドキアなんかを見ていると、この地域の暮らし方って100年前からあまり変わっていないように感じるんです。そういう時間の流れ方の違いだとか、空気感だとか、そういったものを私は表現したい。表現者として、次に何を表現したいのかというと、地球を表現したい。人間を表現したい。地球に生きる人間を表現したいんです。旅に出て「ああ、よかった」だけじゃ、私は全然気が済まない。見てきただけだと、つまらない。旅をしてインプットしたものをどんどん漫画にして、自分の中にまた新しいスペースを空けていかないとダメなんです。

どんな遠くへ旅しても、結局は地球の上にいるわけだから、旅に出るということは、自分が地球という惑星の人間だと自覚するために、必要なことだと思います。行って嫌な思いをしたとしても、それも全部包みこんで、必ず最終的には良い思い出になりますし。私にとっての旅とは、ご飯を食べたり、寝たりするのと同じぐらい、欠かせないことですね。そしてそれを漫画に描いて、実際に旅に行けない人にも、私が媒体となって知ってもらいたい。自分のフィルターを通して見えてきた地球というものを表現していきたい。地球の上を這いつくばって、そこで出会った人間という宇宙を、漫画という形で映し出して、これからも紹介し続けていきたいと思っています。

（構成：編集部）

取材で集めた！世界の「いやげもの」

スーク人形のスノードーム
(in トルコ)

くるくる回るイスラムの踊り「スーク」。ドームの中で完全再現しています。いい加減な顔の作りがかわいい

マントゥを作る女
(in トルコ)

このテーブルのマントゥがいやに細かい。無表情さが逆に購入を誘います

やけに重いおじいちゃん置物
(in カンボジア)

こってりの重量感。文鎮か？抱いてる赤子がとっても怖い顔

目がすわっていてちょっと怖い

記念の写真皿

(in トルコ)

世界中にある、
「勝手に写真をとられて商品化」の1品
写真部分はプリンターの出力でした

そのまんま カエルポーチ

(in フィリピン)

口のとこが
ファスナーになってて
小銭が入ります

ブサカワ チャイナ人形のペア

(in 香港)

下膨れにもほどがあるが…
さわり心地はするっとした石のよう

たたずまいがかわいい後姿

憎めないカメ人形

(in ドバイ トランジットにて)

甲羅を押すとプピと鳴る
なんともゆるい表情に旅の疲れが癒される

あとがき

アジアという国はこんなにも日本に近いのに、若いうちにヨーロッパへ移り住んでしまった私にとっては、最も訪れる機会の少ない遠い地域になってしまいました。自分もしっかりとこの地域の人間でありながら、日本という国とアジアの繋がりを深く考察した事もありませんでしたが、今回この企画に参加させて頂く事をきっかけに、アジアへの興味が一気に膨らみました。円熟した情報社会の中に生きていると、書物や映像に接しただけで何となくそれらの事柄を把握できたつもりになりがちですが、やはりそれがどんなに綿密に考察した上で作られたものであっても、結局は2次元の限られた条件の中でしか感じ取れない表面的なものなのだということも、実際に自分の足でアジアの国々を訪れることにより、しっかりと認識することもできました。

暑かったり不便だったり、人々がいい加減だったり、生活に不都合な事柄なんて挙げればキリのないアジア諸地域での生活だとは思いますが、そこで生き生きと自分たちのスキルを活かす女性達を見ていてまず思ったのは、彼女達は「女性」というジェンダー以前に、独立した、自分で自分をしっかりと信頼している一人の人間なんだ、という事です。人間として生きて起こりえる様々な事情を何一つ避けることなく受け止めて、そしてそれを日本人独特の忍耐強さと、時には素っ頓狂な明るさで熟していくその姿を、周りのアジアの人たちもみな温かく、そして敬うように見つめているのが、どの地域においてもとても印象的でした。

日本よりも欧州よりも遥かにストレスも溜まりやすい環境であるにもかかわらず、何もかもを吸収して明るく生きていく彼女達の肝っ玉が大きい姿は、本当に今の日本のたくさんの人にも知ってもらいたいと心から感じるばかりです。

今回お邪魔した4名のみなさん、どうぞこれからもそれぞれの場所で幸せに過ごしてくださいね！

2013年4月

ヤマザキマリ

ＮＨＫ「アジアなでしこ取材班」

トルコ編
松永圭介／西橋基彦／茂木明彦／木内　啓

カンボジア編
田部井隆聡／吉岡　攻／三浦　尚／東　孝子

香港編
小野藍子／前田浩志

フィリピン編
三浦茉紘／大野俊之

ヤマザキマリの
アジアで
花咲け！
なでしこたち

2013年5月17日　初版第1刷発行

著　者　ヤマザキマリ
NHK取材班

発行者　松田紀子

発行所　株式会社メディアファクトリー
〒150-0002　東京都渋谷区渋谷3-3-5
電話 0570-002-001

印刷・製本　株式会社廣済堂

装　丁　セキネシンイチ制作室

執筆協力　臼井良子

ISBN978-4-8401-5197-9 C0095
Printed in japan